Walther Borgius

Mannheim und die Entwicklung des südwestdeutschen Getreidehandels

Gegenwärtiger Zustand des Mannheimer Getreidehandels. 2. Band

Walther Borgius

Mannheim und die Entwicklung des südwestdeutschen Getreidehandels

Gegenwärtiger Zustand des Mannheimer Getreidehandels. 2. Band

ISBN/EAN: 9783743440579

Hergestellt in Europa, USA, Kanada, Australien, Japan

Cover: Foto ©Suzi / pixelio.de

Weitere Bücher finden Sie auf **www.hansebooks.com**

Volkswirtschaftliche Abhandlungen
der Badischen Hochschulen

herausgegeben von

Carl Johannes Fuchs, Gerhard von Schulze-Gävernitz, Max Weber.

Zweiter Band. Zweites Heft.

Mannheim

und die

Entwicklung des südwestdeutschen Getreidehandels

von

Dr. **Walter Borgius,**
Sekretär der Deutschen Centralstelle für Vorbereitung von Handelsverträgen.

II.

Gegenwärtiger Zustand des Mannheimer Getreidehandels.

Freiburg i. B.
Leipzig und Tübingen
Verlag von J. C. B. Mohr (Paul Siebeck)
1899.

DRUCK VON H. LAUPP JR IN TUBINGEN

Inhaltsverzeichnis.

	Seite
IV. Die Verflechtung in den Getreide-Weltverkehr	1
Erster Teil. Die technischen Grundlagen des modernen Getreidegrosshandels und ihre Bedeutung für Mannheim	1
A. Wandlungen in den gegenseitigen Beziehungen der Grosshandelsplätze untereinander	1
I. Zentralisierung und Spezialisierung	1
II. Eliminierung von Zwischengliedern des Handels	12
B. Veränderungen in der kommerziellen Organisation und Technik	17
I. Zentralisierung der Getreide verarbeitenden Gewerbe	17
II. Das Lagergeschäft	19
1) Die Lagerhäuser	19
2) Die Lagerscheine	28
3) Die Lagertechnik	35
III. Der Typenhandel	42
1) Bildung bestimmter Qualitätstypen	42
2) Das Termingeschäft	46
Zweiter Teil. Die Geschäftsabwicklung im heutigen Mannheimer Getreidehandel	53
A. Der Einkauf	53
I. Die beteiligten Kategorien von Kaufleuten	53
II. Die typischen Formen des Kontraktschlusses	56
a) Bestimmung der Qualität	56
1) Der Kauf nach Probe (Osteuropa)	56
2) Der Typenhandel	57
3) Misch- und Zwischenformen	58
b) Form des Vertragschlusses	62
c) Die Zahlung	65
B. Transport und Lagerung	66
I. Verfrachtung und Seefahrt	66
II. Umschlag im Seehafen	67
III. Ankunft und Uebernahme in Mannheim	68
IV. Lagerung der Ware	69

	Seite
C. Der Absatz	72
I. Absatzgebiet und Kundschaft	72
II. Der Kontraktschluss	73
III. Die Zahlung	75
IV. Der Versandt	76
V. Der Vertrieb einheimischer Crescenz	79

Dritter Teil. Die Zollverhältnisse und ihr Einfluss auf den Mannheimer Getreidehandel ... 80

A. Geschichtliche Entwicklung der Getreide-Schutzzoll-Gesetzgebung und ihre wirtschaftlichen Konsequenzen ... 80

B. Gesetzgeberische Massnahmen zur Paralysierung der entstehenden Nachteile (Transitlager, Mühlenkonten) ... 85

C. Wirtschaftliche Folgen und weitere gesetzliche Massregeln (Aufhebung des Identitätsnachweises für Mehl) ... 87

D. Folgen des neuen Zustandes für die Mühlenindustrie ... 88

E. Aufhebung des Identitätsnachweises auch für Getreide ... 91

F. Konsequenzen des neu geschaffenen Zustandes ... 97
   1) Aufhebung der Staffeltarife ... 97
   2) Die Bestrebungen auf Aufhebung der Transitläger ... 98

G. Der durch die heutige Rechtslage geschaffene Zustand ... 103
   1) Der Getreidehandel ... 103
   2) Der Mehlhandel ... 105
   3) Der Umsatz der Einfuhrscheine ... 107

Schluss. Die verschiedenen Typen von Getreidehandelszentren in Deutschland ... 110

Anlagen zum II. Teil.

15. Aus dem vor Erlass des Börsengesetzes geltenden Handelsgebrauch der Mannheimer Börse vom 15. Febr. 1888 (Getreide) ... 113
   I. Allgemeine Bestimmungen ... 113
   II. Festsetzungen über Menge und Beschaffenheit der Ware ... 114
   III. Vom Lieferungs-Geschäfte insbesondere ... 115

16. Lagerhausbestimmungen ... 120
   1) Lagerhaus-Ordnung der »Mannheimer Getreidelagerhausgesellschaft« für Benützung der Getreidelagerhallen. Vom März 1876 ... 120
   2) Reglement für die Ausgabe von Warrants ... 121

Vierter Hauptabschnitt.
Die Verflechtung in den Getreide-Weltverkehr.

Erster Teil.
Die technischen Grundlagen des modernen Getreidegrosshandels und ihre Bedeutung für Mannheim.

A. Wandlungen in den gegenseitigen Beziehungen der Grosshandelsplätze untereinander.

I. Zentralisierung und Spezialisierung.

In dem Augenblick, wo ein Handelsplatz unter dem zwingenden Druck der ökonomischen Entwicklung zum Börsenplatz wird, tritt er auch in den Kampf ums Dasein, den diese unter einander auskämpfen, und in dem es keinen Stillstand, sondern nur ein Vorwärts- oder Zurückgehen giebt. Denn es ist zwar das Entstehen eines Börsenplatzes von beherrschender Bedeutung für einen Artikel stets an bestimmte allgemeine Voraussetzungen gebunden, teils ökonomische, wie das Vorhandensein grosser Kreditinstitute an Ort und Stelle, teils geographische, wie die Funktion als Aus- oder Einfuhrhafen oder centrale Lage im Produktions- oder Verbrauchsgebiet: aber w e l c h e r von mehreren nach diesen allgemeinen Bedingungen möglichen Plätzen t h a t s ä c h l i c h sich die beherrschende Stellung erringt, ist andererseits auch wieder in viel höherem Masse, als man zunächst glauben wird, r e i n h i - s t o r i s c h zufällig, Produkt desjenigen Masses von Solidität, Unternehmungsgeist und Energie in der Schaffung der erforderlichen Verkehrseinrichtungen, welches die Kaufmannschaften der einzelnen konkurrierenden Plätze entfalten und des Masses von Vertrauen auf ihre Thatkraft und Kreditwürdigkeit, welches sie sich im Kreise der Interessenten zu erwerben wissen. Jeder solcher

Platz wird durch den Konkurrenzkampf zur Ausdehnung seines Verkehrs gezwungen, er kann nicht einfach in der Hauptsache Handelsgut absorbierender Aufnahmeplatz bleiben, sondern er muss suchen, eine grösstmögliche Quote der Gesamtumsätze in den für ihn in Frage kommenden Gütern an sich zu ziehen.

Die Folge dieses Wettstreits ist eine zweifache. Einmal sehen wir, dass dabei wie überall, wo die freie Konkurrenz das Scepter führt, eine kleine Anzahl begünstigter Kämpfer in die Höhe gehen auf Kosten der übrigen. »Während den letzteren« [den Börsen in den deutschen Kleinstaaten] »nur eine lokale, den bedeutenderen darunter, wie Frankfurt und Hamburg höchstens eine regionale Bedeutung zukommt, hat sich die Berliner Börse zu einer die deutsche Finanzwelt vollständig beherrschenden Macht empor geschwungen«, ähnlich, wie sich die Börsen von Paris, London, New-York weit über die grosse Masse der Börsen ihres Landes erhoben haben[1]). Ausserdem aber beobachten wir, ebenfalls wie auf anderen Gebieten des Konkurrenzkampfes, eine Tendenz zur Spezialisierung, zur sachlichen statt räumlichen Konzentration des Marktes, unter Preisgabe ungünstiger liegender Branchen. So entstehen bestimmte Marktcentren für Wolle (Antwerpen, London), Kaffee (Havre, Hamburg), Baumwolle (Liverpool), Tabak (Bremen), Getreide (Chicago, New-York) u. dgl. mehr.

Unter dem Einfluss dieser Tendenz warf sich auch Mannheim mit dem allgemeinen Aufschwung des deutschen Handels seit Ende der sechziger Jahre sofort auf einzelne wenige Branchen mit besonderer Kraft, unter denen G e t r e i d e und P e t r o l e u m den ersten Rang einnehmen. Mannheim wurde binnen kurzem der erste Petroleum-Markt in Deutschland, und in Getreide der einzige Handelsplatz, der im Stande war, Berlin in gewissem Sinne ebenbürtig zur Seite zu bleiben, für Weizen es sogar zu überflügeln. Von wesentlicher Bedeutung hierfür wurde die scharfe Konkurrenz mit der jenseits des Rheins gelegenen bayrischen Schwesterstadt Ludwigshafen, die unter steter Unterstützung der Regierung seit 1850 zu einem bedeutenden Handelsplatze von fast 40000 Einwohnern herangewachsen ist und durch ihre gefährliche Nachbarschaft Mannheim zu andauernden Anstrengungen sich weiter emporzuschwingen veranlasst, während doch verkehrspolitisch die beiden staatlich getrennten Städte nur einen Handelsplatz bilden, sodass z. B. die beiderseitigen Verkehrsanlagen jeweilig auch von

---
1) H. K. B. 95, p. 191.

Firmen der Konkurrenzstadt mitbenutzt werden.

Geben wir zur Illustration einen kurzen Ueberblick der neuzeitlichen Entwicklung Mannheims als Handelsplatz im Allgemeinen und Getreidemarkt im Speziellen. Und zwar werden wir als Ausgangspunkt am besten die Mitte der siebziger Jahre wählen, einmal weil die vorhergehenden Jahre infolge des französischen Krieges und der Krise von 1873 vielfach abnorme Verhältnisse im Wirtschaftsleben erzeugten, sodann auch, weil von diesem Zeitpunkt ab die grossartige Entwicklung der Mannheimer Hafenanlagen datiert, deren Bau im Wesentlichen die Grundlage für die Entfaltung Mannheims in jüngster Zeit bildeten.

Die ersten Anstrengungen in dieser Hinsicht geschahen, wie wir schon wissen, gleichzeitig mit der Gründung des Zoll-Vereins 1834/35, indem unter Zuhilfenahme eines Rheinarms, des sog. »Alten Rheins« erstmalig ein Hafen für Rheinschiffe neben dem primitiven alten Neckarhafen, der bis dahin den ganzen Verkehr hatte übernehmen müssen, geschaffen wurde und Mannheim so mit einem Schlage in die Reihe der namhaften rheinischen Hafenplätze einrückte. Der sich stark steigernde Wasserverkehr zwang im Lauf der Zeit zu allerlei Ausgestaltungen. 1853 wurde der Hafen beträchtlich erweitert, mit Kaimauern versehen und der Boden für die Güterlagerung zum Schutz gegen das Hochwasser erhöht. 1855 richtete man behufs Verbindung der Hafen- und Bahn-Anlagen Güterexpeditionen am Rhein (1. Febr.) und Neckar (6. Sept.) ein. 1866 wurde an letzterem eine grosse Werftuferanlage hergestellt. Jedoch erst in den siebziger Jahren begann die eigentlich moderne Entwicklung der Mannheimer Verkehrsanstalten. Der erste Schritt dazu war die künstliche Verlegung der Neckarmündung, mittelst des sog. »Friesenheimer Durchstichs«, wodurch man einen vorzüglichen Handelshafen für Rhein- und Neckarschiffe und zugleich durch Absperrung des oberen Einlaufs des alten Rheins einen ebenso trefflichen gegen Eis und Hochwasser völlig geschützten Flosshafen erhielt. Dieses grosse, schon 1864 angefangene Werk wurde 1873 dem Verkehr übergeben. Schon im nächsten Jahre (16. Sept. 1874) folgte die Eröffnung des seit 1870 im Bau befindlichen Centralgüterbahnhofs, welcher durch prinzipielle Verflechtung mit dem Hafengebiet die besonderen Speditionen am Rhein und Neckar überflüssig machte. Derselbe umfasst heute ein Gebiet von 2580 × 150 m, hat über 50 km Schienengeleise mit 219 Weichen und 6 Dampfschiebebühnen, enthält 4 Güterschuppen à 100 × 15 m und einen Zollschuppen à 100 × 18 m nebst 6 Werfthallen mit 11000 qm Raumgehalt. Bereits das nächstfolgende Jahr brachte einen weiteren Fortschritt: die Eröffnung des Mühlauhafens (15. Aug. 1875), der eine Wasserfläche von 2100 × 120 m und 2090 m Kaimauer (auf Beton gegründet, der m zu 540 M.) und dessen Einweihung von einer besonderen Erleichterung des Handels begleitet wurde: Der Aufhebung der bisher bestehenden lästigen »Bollwerksgebühren« in der Höhe von ¹/₄ kr. per Ztr. durch den Grossherzog. Der Mühlauhafen erzeugte alsbald das Bedürfnis eines direkten inneren Verbindungskanals mit dem Neckar. Derselbe wurde noch im gleichen Jahre in Angriff genommen und 1878 dem Verkehr übergeben. Er hat eine Wasserfläche von 885 × 60 m und kostete dem grh. Domainenfiskus, der ihn als Eigentümer der Mühlau ausführte, die Summe von 1042000 M. Dem Mangel an Lagerplätzen, der sich infolge der immer stärkeren Verkehrszunahme bald schon wieder geltend machte, wurde zunächst abgeholfen durch Anlage des sog. Binnenhafens (1883—1887), indem man auf der Mühlau selbst, d. h. dem Terrain zwischen Mühlauhafen, Neckar und Verbindungskanal zwei neue, hufeisenförmig verbundene Hafenkanäle mit zusammen 2700 m Verlade-Ufer auswarf, welche gemeinschaftliche Einfahrt vom Neckar aus und Verbindung mit dem Rangier- und dem Centralgüterbahnhof erhielten. Dadurch wurden ca. 180000 qm Ufer-Lagerplätze neu geschaffen, die jedoch binnen weniger Jahre völlig besetzt und vergeben waren. So begann man 1891 die Herstellung einer Kai-Anlage am offenen Rhein, welche 1894 eröffnet wurde. Sie weist eine Länge des Verladeufers von 2490 m auf, deren grösster Teil (2025 m.) mit einer Kaimauer versehen ist, das laufende Meter zu 1280 M.! Die Gesamtkosten dieser neueren Hafenanlagen belaufen sich auf weit über 30 Millionen[1]), ihre jährliche Instandhaltung kostet ca. 20—30000 M., die Unterhaltung des Betriebs sogar 150000 M., wobei die Anlagen zur Erzeugung der Elektrizität für die Motorkraft und die nach Tausenden zählenden Bogenlampen noch nicht einmal mitgerechnet sind. Nach dem derzeitigen Stande umfasst das Gesamtareal

21850 a	Wasserfläche,	95 000 »	Schienengeleise mit
19 800 m	Verladeufer, davon	436	Weichen.
18 155 »	Eisenbahngeleise,	9 Dampf-	Schiebebühnen,
4 815 »	Kaimauer haben;	5 elektrischen	

4 Eisenbahn-	} Drehbrücken,	3 durch Elektrizität } betriebene
2 Strassen-		2 » Dampf
über 60 Krahnen²), wovon		1 » Gas } (Elevatoren³),
über 40 mit Dampf	} betrieben werden,	110 Speicher und Lagerhäuser⁴),
6 elektrisch		17 Petroleum-Tanks,
		14 feuerfeste Kellerspeicher.

Damit ist jedoch die Ausgestaltung der Mannheimer Verkehrsanlagen keineswegs abgeschlossen. Vielmehr befindet sich gegenwärtig bereits ein neues Riesenwerk im Bau: der planmässige Ausbau des alten Flosshafens⁵) zu einem Industriehafen für alle jene Industrieen, die ihr Rohmaterial auf dem Wasserwege empfangen. Schon haben sich dort eine Anzahl solcher Etablissements angesiedelt und es bedarf nur der Verbindung dieses Geländes mit der Eisenbahn⁶) und den übrigen Hafenanlagen, wie sie mittelst Brücken und Kammerschleusen jetzt hergestellt wird, um die gesamte Uferfläche, namentlich auch die sog. Bonadies-Insel diesem Zwecke dienstbar zu machen. Es ist sicher zu erwarten, dass vor allem auch die Industrieen der Getreideverarbeitung die überaus günstige Gelegenheit ausnützen werden und dadurch einen neuen Anlass zur weitern Ausdehnung des Mannheimer Getreideverkehrs geben. — Endlich ist noch der ebenfalls im Bau begriffene und seiner Vollendung entgegen gehende Rheinau-Hafen zwischen Neckarau und Schwetzingen zu erwähnen, der wiederum ein beträchtliches Gebiet in den Bereich der Gesamthafenanlagen neu einverleibt. —

Die Mannheimer Hafenanlagen umfassen schon in ihrer heutigen Ausdehnung den enormen Raum von 19 km und stellen den grössten Binnenhafen des festländischen Europa dar, nach Umfang, wie nach technischer Ausgestaltung. Letztere gewinnt noch dadurch erheblich an Bedeutung, dass sich der (durchweg elektrisch beleuchtete) Centralgüterbahnhof in einer Ausdehnung von 2580 × 150 m mit fast 24 km Schienengeleisen ebenfalls im Hafengebiet befindet und dieses somit zur Stätte eines gewaltigen einheitlich zusammenwirkenden Institutes für Wasser- und Land-Transport macht.

---

1) Vollständig aus Staatsmitteln bewilligt.
2) darunter ein schwimmender, die übrigen grösstenteils auf Schienen fahrbar.
3) wovon einer fahrbar.
4) darunter 3 Silos.
5) Der bei der langsam abnehmenden Bedeutung der Neckar-Holzflösserei an Wichtigkeit verliert.
6) Namentlich auch der Hessischen Ludwigsbahn.

6 Vierter Hauptabschnitt. Die Verflechtung in den Getreide-Weltverkehr. [242]

In gleichem Masse wie die Hafenanlagen aufblühten, entwickelte sich natürlich ein gewaltiger Aufschwung der Wassertransportmittel. Zur Illustration seien nur einige Zahlen gegeben.

a) Schiffsbauten in Baden [1]).

Jahrzehnte	hölzerne	eiserne	zusammen
bis 1860	8	3	11
1860—70	49	7	56
1870—80	110	11	121
1880—90	134	83	217
1890/95	45	31	76

Ihre Ladefähigkeit [2]) betrug

im ganzen		durchschnittl. pro Stück	
hölzerne	eiserne	hölzerne	eiserne
15 361 Ztr.	31 080 Ztr.	96 t.	518 t.
108 341 »	56 584 »	111 »	404 »
202 159 »	142 292 »	92 »	647 »
307 107 »	1 174 988 »	115 »	708 »
108 030 »	500 717 »	130 »	950 »

b) Die Mannheimer Dampfschleppschiffahrts-Gesellschaft. Das Schleppmaterial derselben betrug:

Jahr	Dampfboote	Pferdekräfte	Lastkähne	Ladefähigkeit
1864	4	1000	6	1 400 t.
1874	—	—	7	2 900 »
1884	7	3520	30	22 500 »
1894	11	5500	53	47 000 »
nach Fertigstellung der im Bau befindlichen	13	7500	61	60 000 »

Dieselbe beförderte damit

Jahr	zu Thal	zu Berg	zusammen
1870	ca. 10 000 t.	38 000 t.	49 000 t.
1875	» 15 000 »	42 000 »	57 000 »
1880	» 31 000 »	124 000 »	155 000 »
1885	» 59 000 »	330 000 »	370 000 »
1890	» 66 000 »	420 000 »	487 000 »
1893	» 75 000 »	438 000 »	512 000 »
1897	» 91 500 »	490 000 »	581 000 »

1) Charakteristisch ist das starke Uebergewicht, das die grossen Eisenblech-Schleppkähne seit ca. 1880 erhalten. Während dieselben bis dahin nur etwa $\frac{1}{8}$, $\frac{1}{6}$, $\frac{1}{11}$ sämtlicher Schiffsbauten ausmachten, betragen sie seitdem $\frac{2}{5}$.

2) Zu beachten ist die anhaltende Steigerung der relativen Grösse der Schiffe, die bei den hölzernen etwa 130 %, bei den eisernen 190 % beträgt.

c) Es bestehen zur Zeit (1896) in Mannheim folgende Wassertransportgesellschaften:

α) die »Mannheimer Dampfschleppschiffahrts-Gesellschaft«
besitzt: 11 Schlepper 53 Kähne mit zusammen 47 000 t. Ladefähigkeit[1])
baut: 2 » 8 » » » 13 000 » »

β) die »Badische Aktiengesellschaft für Rheinschiffahrt und Seetransport«
besitzt: 10 Schlepper 21 Kähne mit zus. 3100 Pf.Kr. und 21 000 t. Ladefähigkeit
baut: — » 6 » » » 7 000 » »

γ) die Mannheimer Lagerhausgesellschaft[2])
besitzt 7 Schlepper und 4 Kähne mit zus. 3200 Pf.K. und 4000 t.

δ) Eine Anzahl kleinerer Dampfschiffahrtsgesellschaften, nebst Agenturen aller rheinischen und niederländischen.

d) Schiffsdampfkessel im Amtsbezirk Mannheim:

Jahr	Anzahl	Heizfläche	Heizfläche pro Kessel
1870	8	512 qm	64 qm
1875	12	704 »	58,5 »
1880	18	1250 »	70 »
1885	41	2918 »	71,2 »
1890	49	3810 »	77,2 »
1895	70	6175 »	88,2 »

Hand in Hand mit dieser Ausgestaltung der Verkehrsmittel und Verkehrsanlagen steigt nun der Handel Mannheims im Laufe der letzten zwei Jahrzehnte mit einer fast märchenhaften Schnelligkeit zu seiner heutigen Bedeutung. Geben wir auch hierfür ein paar Zahlen.

Werfen wir zunächst einen Blick auf den allgemeinen Güterverkehr zu Lande und zu Wasser in Mannheim. Die Zahlen verstehen sich als Tausende von tons durchweg.

a) Hafen.

Jahr	Ankunft	Abgang	Gesamtverkehr
1825	—	—	10
1835	—	—	26
1846	—	—	139
1856	—	—	252
1870	354	61	415

[1]) Die letztgebauten à 1900 t., zusammen mehr als die Hälfte des Güterwagenparks der gesamten badischen Staatsbahn. Die Gesellschaft ist die grösste ihrer Art auf dem europäischen Kontinent.
[2]) Betreibt seit 1889 Güterdienst.

8 Vierter Hauptabschnitt. Die Verflechtung in den Getreide-Weltverkehr.

Jahr	Ankunft	Abgang	Gesamtverkehr
1875	595	177	773
1880	773	190	963
1885	1308	408	1716
1890	2166	518	2683
1895	2712	568	3280
[1897	3493	709	4202]

b) Eisenbahn[1]).

Jahr	Ankunft	Abgang	Gesamtverkehr
1870	272 Tausend t.	67	339
1875	275 »	» 493	768
1880	326 »	» 555	880
1885	391 »	» 821	1212
1890	591 »	» 1460	2051
1895	679 »	» 2294	2973
[1897	804 »	» 2434	3238]

c) Gesamtverkehr²).

Jahr			
1870	754 Tausend t.		100 %
1875	1540 » »		200 »
1880	1844 » »		244 »
1885	2929 » »		388 »
1890	4734 » »		628 »
1895	6252 » »		829 »
[1897	7440 » »		987 »]

Stellen wir eine vergleichende Uebersicht für Mannheim und die übrigen Rheinhäfen auf, so erhalten wir nach Pentaden-Durchschnitten:

a) Gesamt-Hafenverkehr in Tausenden tons

	Mannheim	Mannheim u. Ludwigshafen zusammen	Mainz, Köln, Duisburg, Ruhrort, Düsseldorf zusammen
1840—44	153	165	1030
1845—49	150	170	1186
1850—55	172	210	1460
1855—59	221	301	1850
1860—64	299	434	2310
1865—69	411	563	2987
1870—74	423	557	3318
1875—79	659	811	3115
1880—84	1339	1687	3970
1885—89	2058	2687	5142
1890—95	3123		
1897	4200		

---

1) Von 1880 ab Badische und Hessische zusammen.
2) Im Gesamtbinnenverkehr rangierte Mannheim mit 5 822 000 t. schon 1893 an dritter Stelle unter den deutschen Handelsplätzen nach Berlin und Hamburg

b) Thalfahrt allein in Prozenten der Zunahme

1860	100	100	100
1870	217	177	194
1880	430	366	126
1890	1183	920	353

Grossherz. Staats-Eisenbahn; Stat. Mannheim:

	Güterverkehr	Personen	Gepäck derselb.	Wagen	Expressgut[1])
1878	775 000 t.				1 880 t.
1880	805 000 »	ca. 341 000	990 t.		3 075 »
1885	1 097 000 »	» 413 000	1342 »	192 185	6 784 »
1890	1 870 000 »	» 918 000	1882 »	254 688	9 571 »
1895	2 746 000 »	» 1056 000	3199 »	348 000	21 274 »
[1897	3 028 000 »	» 1395 000	4047 »	397 966	24 870 »]

Fahrpoststück-Verkehr[2]).

Jahre	Stückanzahl	Gewicht		prozentual		Gewicht pro Stück
1875	504 000	1,8 tausend t.		100	100	7¹/₂ Pfd.
1880	619 000	3	» »	123	163	9,9 »
1885	708 000	6,7	» »	140	360	19 »
1890	979 000	9,6	» »	194	509	19,6 »
1895	1 188 000	18,7	» »	235	995	35 »
1897	1 345 000					

Betrachten wir im Anschluss hieran noch die zahlenmässige Entwicklung für die uns speziell interessierende Ware:

Getreide.

a) Hafenverkehr.

Jahr	Zugang	Abgang	Summa
1877	553 175 dz.	21 914 dz.	575 089 dz.
1880	1 438 987 »	27 557 »	1 466 544 »
1885	2 262 108 »	36 218 »	2 298 326 »
1890	3 402 572 »	65 582 »	3 468 154 »
1895	5 503 064 »	328 534 »	5 831 596 »
1897	8 567 598 »	507 498 »	9 075 096 »

b) Eisenbahnverkehr[3]).

1877	171 250 dz.	571 400 dz.	742 650 dz.
1880	182 130 »	1 488 230 »	1 670 360 »
1885	154 210 »	2 046 950 »	2 201 160 »
1890	151 323 »	2 707 043 »	2 858 366 »
1895	125 427 »	3 975 154 »	4 190 581 »
1897	112 828 »	4 896 403 »	5 009 231 »

1) Erst 1878 eingeführt zur Konkurrenz mit dem Postpaketverkehr, hat er sich bereits nach 1¹/₂ Jahrzehnten verzehnfacht (18 878 t. in 1893), heute mehr als verdreizehnfacht.

2) Aeusserst bereit ist die ganz auffallende Zunahme des relativen Gewichts der einzelnen Paketstücke, wie sie sich aus der letzten Spalte ergiebt.

3) Die stete Abnahme der Getreidezufuhr per Bahn neben den stark steigenden Zahlen in den anderen Rubriken ist sehr charakteristisch für die zunehmende Arbeitsteilung zwischen Land- und Wasserweg.

10 Vierter Hauptabschnitt. Die Verflechtung in den Getreide-Weltverkehr. [246]

c) Gesamtverkehr¹).

1877	72 000 tons.	59 000 tons.	131 000 tons.
1880	162 000 »	151 000 »	313 000 »
1885	241 000 »	208 000 »	449 000 »
1890	355 000 »	277 000 »	632 000 »
1895	563 000 »	430 000 »	993 000 »,
1897	867 043 »	540 390 »	1 407 433 »

Getreidezufuhr im Jahr 1893 zu Wasser:

Neuss	27 000 t.	alle deutschen Rheinhäfen
Köln	32 000 »	zusammen . . . . . 295 000 t.
Stettin	32 000 »	Mannheim . . . . . 484 000 »
Königsberg	58 000 »	Mannheim und Ludwigs-
Duisburg	70 000 »	hafen zusammen . . . 609 000 »
Berlin	110 000 »	[1897 dasselbe . . . . 1162 000 »]

Zum Abschluss dieser kurzen Zahlenskizze werfen wir noch einen Blick auf zwei für den Handel charakteristische und den Güterverkehr stets begleitende Momente: den Nachrichten- und Geldverkehr in Mannheim, sowie auf die Entwicklung der Grossindustrie und der Bevölkerung daselbst.

I. Nachrichten-Verkehr²).

a) Briefe³). b) Telegramme⁴).

Jahr	Anzahl	Proz. Zunahme	Jahr	Anzahl	Proz. Zunahme
1875	8 197 344	100	1865	93 592	100
1880	10 042 820	125	1871	175 696	185
1885	13 280 634	162	1875	208 413	222
1890	19 130 176	233	1880	245 963	262
1895	24 234 704	295	1885	285 297	305
1897	28 024 134	330	1890	397 099	424
			1895	503 220	537
			1897	549 384	587

II. Geld-Verkehr.

a) Postanweisungen⁵).

Jahr	Betrag	Anzahl	Betrag pro Anweisung
1872	3,45 Mill. M.	70 000 M.	49,3 M.

1) Dies nur der Bruchteil des durch den Mannheimer Grosshandel vermittelten Getreideverkehrs, welcher effektiv über Mannheim geht.
2) Die fast gleich grossen Zahlen von Ankunft und Abgang zusammen gezählt.
3) Mannheim steht mit 282 Briefen pro Kopf der Bevölkerung an fünfter Stelle unter den deutschen Handelsstädten. (Es rangiert hinter Frankfurt [386], Bremen [309], Leipzig [308], Hamburg [303].)
4) Mannheim rangiert an dritter Stelle mit 5,7 Telegrammen pro Kopf der Bevölkerung hinter Frankfurt (8,2) und Bremen (5,7).
5) Mannheim steht mit 888 M. pro Kopf der Bevölkerung an erster Stelle in Deutschland. Bemerkenswert ist auch die Steigerung des relativen Betrags der einzelnen Postanweisungen.

[247] A. Wandlungen i. d. gegenseitigen Beziehungen d. Großhandelsplätze etc. 11

Jahr	Betrag	Anzahl	Betrag pro Anweisung
1873	5 Mill. M.	99 000 M.	50,5 M.
1874	7,2 » »	165 000 »	43,6 »
1875	15,6 » »	215 000 »	61,2 »
1880	31 » »	387 000 »	80 »
1885	42,5 » »	520 000 »	81,7 »
1890	62,3 » »	752 000 »	82,8 »
1895	78,7 » »	988 000 »	80 »
1897	89,6 » »	1 110 000 »	80,9 »

b) Reichsbankhauptstelle [1]).

Jahr	Giroverkehr	Gesamtverkehr
1876	225 Mill. M.	455 Mill. M.
1880	784 » »	1143 » »
1885	1235 » »	1688 » »
1890	1744 » »	2413 » »
1895	2257 » »	2845 » »
	2844 » »	3356 » »

III. Gross-Industrie.
a) Dampfkessel-Anlagen.

Jahr	immobile Dampfkessel	Heizfläche	Heizfläche pro D.-K.
1865	54	1 740 qm	32 qm
1870	108	4 320 »	40 »
1875	176	7 910 »	45 »
1880	210	10 780 »	ca. 50 »
1885	275	15 770 »	ca. 50 »
1890	369	19 140 »	ca. 50 »
1895	486	24 390 »	ca. 50 »

b) Betriebsform [2]).

Betriebsart	Betriebsanzahl		Beschäftigte Personen	
	1882 (5. Juni)	1895 (14. Juni)	1882 (5. Juni)	1895 (14. Juni)
überhaupt	6078	4997	20 024	33 340
Alleinbetriebe ohne Motor	2703	2492	2 703	2 492
Betriebe mit 1—5 Geh.	1827	2814	5 542	9 178
Betriebe mit über 5 Geh.	420	772	10 701	21 670
Motorbetriebe	139	230	5 137	12 326
Dasselbe prozentual ausgedrückt	100	82	100	166,5
	100	92	100	92
	100	153	100	166
	100	184	100	202,5
	100	165,5	100	240

1) Mannheim steht bez. der Zunahme des Verkehrs seit 1876 an erster Stelle in Deutschland. Wie man sieht, ist der Giroverkehr viel stärker (1264 %) gestiegen, als der Gesamtverkehr (738 %).

2) Aeusserst charakteristisch ist, dass in allen Gehilfenbetrieben die Zahl der Gehilfen noch stärker gestiegen ist, als die Zahl der fr. Betriebe, und zwar desto mehr, je technisch höher der Betrieb steht.

IV. Die Bevölkerung und ihr Steuerertrag.

1860	26 915 Seelen	525 735	Mark
1865	30 456 »	654 930	»
1870	39 606 »	864 442	»
1875	46 453 »	1 233 793	»
1880	53 454 »	1 789 489	»
1885	61 219 »	2 221 078	»
1890	79 058 »	3 364 684	»
1895	90 597 »	3 754 126	»

So ist im Laufe der Zeit aus der alten Barock-Residenz des vorigen Jahrhunderts, aus dem bedeutungslosen kleinstaatlichen Binnenhafen der vormärzlichen Zeit in überraschend üppigem Aufblühen eine moderne Grossstadt und ein deutscher Handelsplatz ersten Ranges geworden, und zwar allem Anschein nach ein solcher, dessen Hauptblüteperiode und Bedeutung als einer der Sitze des Welthandels erst noch in der Zukunft liegt. So ist es auch keine Frage, dass für die zukünftige Gestaltung des Getreidehandels Mannheim einen ganz hervorragenden Einfluss haben wird. An Stelle jener 7 Getreideagenten, deren Namen uns die Chronik von 1847 aufbewahrt hat, zählt man heute gegen 60 grosse kapitalkräftige Firmen, an Stelle jener wenigen leistungsunfähigen Wind- und Wassermühlen ca. 30 gewaltige Handelsmühlen mit einer jährlichen Leistungsfähigkeit von 30 Million Dz. Mehl und an Stelle der alten Fruchtmarkthalle stehen zahlreiche Lagerhäuser neuester Konstruktion mit einer Kapazität von beinahe 3 Millionen Centner Korn; in jeder Hinsicht ein Getreidestapelplatz allerersten Ranges.

II. Eliminierung von Zwischengliedern des Handels.

Die geschilderte kommerzielle Entwicklung Mannheims hatte nun zunächst die Folge — und das ist eine Erscheinung von typischer Bedeutung, die unter gleichen Verhältnissen stets zu beobachten ist, — dass die Stadt, sobald sie jetzt als gleichwertiges Handelscentrum neben andern Börsenplätzen stand, diejenigen Konkurrenzplätze zu verdrängen suchte, welche bisher seinen Verkehr mit jenen notwendiger Weise vermittelt hatten, also namentlich die holländisch-belgischen Häfen, und sich bemühte, in eigene und direkte Verbindung mit den Haupthandelscentren der Bezugsländer zu gelangen. Während man z. B. amerikanisches Getreide anfänglich nur indirekt über London und Holland bezogen hatte, entsandte die schon genannte Firma Hirsch bereits 1860 den Sohn des Hauses, Louis Hirsch, persönlich nach London zum

Zwecke, direkte Bezugsmöglichkeit mit Russland und der amerikanischen Union anzubahnen. Und bereits zwei Jahre später, im Winter 1862/63 emanzipierte man sich auch von der englischen Zwischenstation und trat mit Petersburger und New-Yorker Exportfirmen selbständig in Verbindung. Namentlich Holland, früher der Zwischenhändler der ganzen zivilisierten Welt, merkte diese immer entschiedener auftretende Entwicklung. Die Firma M. & R. de Mouchy — eins der ersten Häuser für Getreide- und Petroleum-Import — schrieb Ende der 80er Jahre in einem Circular: »Alles hat sich geändert: in früheren Jahren legte der Kaufmann (in den Seeplätzen) sich Vorräte an und hatte ein Absatzgebiet hinter sich, jetzt bestellt sich der Konsument direkt, was er nötig hat, per Telegraph und es wird ihm per Dampf zugeführt. Ueberhaupt ist es nicht mehr möglich, das Getreidegeschäft in erster Hand nach alter Art und Weise zu betreiben, — so muss denn auch der Getreideimporteur sich den Umständen fügen : Detailhändler werden[1]) oder sich eine andere Stellung im Dienste der zwei Grossmächte, Produzenten und Konsumenten, zu schaffen suchen .... einfach kaufen und in Rotterdam oder am Rhein mit einer Provision wieder verkaufen, das geht nicht mehr. Kaum, dass den Seehäfen noch eine Art von Spedition geblieben ist ; die Regel ist vielmehr, dass das Getreide — und ebenso andere Güter — daselbst direkt aus dem Ozeanschiff in das Rheinschiff übergeschlagen werden, ohne durch die Hände einer Zwischenfirma zu gehen, oder den Umschlagsplatz im kommerziellen Sinne überhaupt zu passieren.« So hatte Professor Honsell ganz Recht, wenn er schon vor mehr als 10 Jahren schrieb: »Mannheim spielt die Rolle eines Seehafens im Binnenlande«[2]).

Die Jahre, vielleicht mehr als eine Generation hindurch andauernde enge und stete Geschäftsverbindung der beiden Firmen hüben und drüben, die auf solche Weise entsteht, führt nun zu einer ganz merkwürdigen Gestaltung des Geschäftsverhältnisses. Die Kontokorrent-Abrechnung, das stete Aufeinanderangewiesensein, das starke Vertrauen auf »Treu und Glauben« etc. macht die Verbindung zwischen ihnen kommerziell so intim, dass sie, wie *Th. Barth* sich einmal nicht unrichtig ausdrückt, »gleichsam zu einer Firma verschmelzen, welche auf gemeinschaftliche Rechnung die Ware vom Produzenten kaufen, ... um an den Kon-

---
1) d. h. en gros-Import mit A b s a t z en détail.
2) »Das Grossherzogtum Baden« (Karlsruhe 1806).

sumtionsplätzen die relativ billigste Ware anbieten zu können«[1]). In dieser Richtung wirken noch verschiedene handelstechnische Neuerungen, welche eine derartige direkte Verbindung in hohem Masse von ihrem ursprünglichen Risiko, sowie mannigfachen Umständlichkeiten und Unbequemlichkeiten befreien. Hierher gehört z. B. die Einrichtung von »Durch-Conossementen«, vermittelst deren der gebrochene Verkehr — z. B. der See- und Fluss-Schiffahrt oder des Wasser- und Landtransports — auf Grund diesbezüglicher Verträge zwischen den betr. Transportgesellschaften vereinheitlicht wird und von einem und demselben Frachtführer auf ein einziges Conossement, eine einzige Versicherungspolice hin besorgt werden kann[2]). Hierher gehört aber vor allen Dingen das Aufkommen einer besonderen Geschäftsart, die sich z. Z. hauptsächlich auf gewisse Rohmaterialien für den Massenbedarf, als Getreide, Petroleum, Baumwolle u. a. beschränkt: des sog. »Cif-Geschäfts«[3]). Das Wesen desselben besteht darin, dass der jeweilige Betrag von Fracht, Versicherung und allgemeinen Spesen sofort auf den Preis zugeschlagen wird, wodurch sich die Berechnung ausserordentlich vereinfacht und der kaufmännischen Spekulation viel von ihrem Hazard-Charakter genommen wird. Ehedem war jeder Distancekauf ein sehr riskiertes Geschäft; die genaue Qualität der Ware, der genaue Termin der Ankunft, die endgültige Höhe des Selbstkostenpreises war bei der grössten Vorsicht kaum einigermassen zu berechnen, ehe man die Ware in der Hand hatte. Heute kann sofort beim telegraphischen Vertragsschluss die präciseste Kalkulation stattfinden, wodurch nicht nur das ganze Geschäft auf sicherere Füsse gestellt ist, sondern auch ermöglicht wird, mit viel geringeren Profiten als ehedem zu bestehen, was wiederum eine viel schnellere und weit-

---

1) »Wandlungen im Welthandel« (Heft 27 der »Vw. Zeitfragen« Berlin 1882) p. 12.

2) Freilich ist speziell für den Getreide-Verkehr über See die Bedeutung dieses Instituts nur eine beschränkte. Es kommen »Durch-Conossemente« z. B. von Minneapolis aus allerdings vor, aber im allgemeinen selten, hauptsächlich aus dem Grunde, weil die Ankunftszeit für den deutschen Importeur, der ein »Durch-Conossement« zugesendet erhält, nicht sicher zu kalkulieren ist, während dies für ihn wenigstens annähernd möglich ist, wenn ihm das über die erfolgte See-Verladung lautende Conossement zugeht. Die spätere Skizze der modernen Technik des überseeischen Getreide-Importes wird das Nähere über die Bedeutung und Funktion der Verladungspapiere ergeben.

3) c. i. f. = cost, insurance, freight.

gehendere Ausgleichung der Marktpreise zur Folge hat. Auf der anderen Seite wird ein solches Berücksichtigen relativ geringer Profite und ein Einbringen durch die Erhöhung des umgesetzten Quantums und Beschleunigung des Kapitalumschlags immer notwendiger für den Kaufmann, weil infolge der stetigen Verbesserungen der Verkehrstechnik, zumal der Vorausberechnung der Zukunftspreise mittelst des immer mehr die Erde umspannenden Nachrichten-Verkehrs, das Risiko der Spekulation und damit die wesentlich auf diesem Risiko beruhende Durchschnittsgewinnquote ständig sinkt. Ausdehnung des Geschäfts bei Vergrösserung und schnellerem Umschlag des investierten Kapitals, zugleich immer engere Spezialisierung des gehandelten Gutes bieten die Hauptmittel, die Konkurrenz durch Drücken der Generalunkosten schlagen zu können.

Das Streben nach Herabsetzung der Bezugskosten führte in der Gegenwart vielfach schon wieder zu einer weiteren Umgestaltung der geschäftlichen Beziehungen zum Bezugsorte. Sobald nämlich die Grösse des daselbst gemachten Umsatzes eine derartige Einrichtung lohnte, äusserte sich das Bestreben, den Handelsgewinn nicht mehr mit der auswärtigen Exportfirma zu teilen, sondern ganz der eigenen zufliessen zu lassen, indem man den Einkauf durch eigene dort thätige Agenten der Firma selbst betrieb. Dieselben arbeiten gegen Gewinnanteil, handeln im Namen und auf Rechnung der eigenen Firma. Damit ist jeder noch vorhandene Interessengegensatz zwischen Importeur und Exporteur in sich selbst aufgehoben, während der Interessengegensatz gegenüber dem Produzenten und Konsumenten in gewisser Hinsicht verschärft erscheint. Es ist selbstverständlich, dass weiterhin ein solcher Ersatz selbständiger Geschäftsfreunde durch abhängige Agenten nicht nur an den wenigen Bezugscentren vor sich geht, sondern mit Ausdehnung des Absatzgebietes ebenso in dessen Hauptsitzen, schliesslich überhaupt überall, wo die Importfirma auf lokale kaufmännische Unterstützung aus irgend welchen Gründen angewiesen ist, vorausgesetzt nur, dass es quantitativ lohnend erscheint. Ein letztes Stadium dieser Entwicklung ist dann endlich, dass die Agenturen sich umwandeln in Filialen, deren Leiter entweder als Teilhaber in die Firma tritt oder durch einen schon vorhandenen Teilhaber ersetzt wird[1]). Diese neue Filiale betreibt nun-

---

1) »Während der Receiver (der inländische Aufkäufer, d. Vf.) regelmässig ein Amerikaner ist, ... ist der Exporter regelmässig, wenigstens seiner Herkunft nach, ein

mehr neben dem blossen Einkauf oder Absatz für die Mutterfirma auch den Zwischenhandel en-gros zwischen Punkten, für deren Geschäftsverbindung der Handelsplatz jener gar nicht in Frage kommen könnte, aber auch dies im Namen, auf Rechnung und letzthin unter einheitlicher Leitung der Hauptfirma. Immerhin ist diese höchste Stufe der Organisation an die Vorbedingung dauernder p e r s ö n l i c h e r Vertrauensbeziehungen zwischen den Leitern von Centrale und Filialen gebunden, wie sie im Allgemeinen nur die Blutsverwandtschaft darbietet.

Eine ganz anschauliche Illustration dieser typischen Entwicklung gewährt uns wieder das Beispiel der mehrfach erwähnten Firma Hirsch nach dem zu ihrem 50jährigen Jubiläum verfassten Abriss ihrer Geschäftsentwicklung, der sich in der Bibliothek der Mannheimer Handelskammer findet. Bereits im Jahre 1863 ging der älteste Sohn Louis Hirsch nach Budapest, um den Import aus Ungarn ständig persönlich zu besorgen. Sehr bald dehnte er den Bezug aus auf das Gebiet der unteren Donauländer (Serbien, Rumänien, Bulgarien), deren Getreide man nebst dem südrussischen anfänglich durch Vermittlung von Odessa bezogen hatte. Schon im November 1866 verkündete ein Cirkular dem Mannheimer Handelsstand: »Wir beehren uns hiermit, Ihnen die Anzeige zu machen, dass wir in Pest eine F i l i a l e unter der Firma und Leitung unseres A s s o c i é, Herrn Louis Hirsch, errichtet haben.« Die neue Filiale trat alsbald selbständig in Thätigkeit, indem sie das Brotkorn Ungarns und der Donauländer via Fiume nach Italien absetzte, Gerste selbst nach England und Amerika via Hamburg. Bereits Ende der sechziger Jahre emancipierte die Firma sich vollständig von Odessa, und entsandte für den Einkauf des südrussischen und galizischen Getreides ein weiteres Familienglied Oskar Hirsch dorthin. Kurze Zeit später wurde Bayern, das ehemalige Exportgebiet ein einfuhrbedürftiges Land. Alsbald, 1873, ging ein Vertreter der Firma zur Organisation des dortigen Absatzes nach München, das — analog, wie s. Z. Mannheim — jetzt schnell ein beträchtlicher Transitplatz für Getreide wurde. Es dauerte demgemäss auch nur wenige

---

Fremder; seine Geschäftsbeziehungen wurzeln in seinem Heimatlande und seine Geschäftskenntnis beruht ... insbesondere auf einem sorgfältigen Studium der Bedürfnisse und Neigungen des Getreide importierenden Auslandes.« *H. Schumacher*, »Die Getreidebörsen in den Vereinigten Staaten von Amerika.« Jb. f. Nat. u. Stat. (III. Folge XI 1) 1896 p. 61.

Jahre, bis diese Vertretung (1880) ebenfalls zur Filiale und der Vertreter Teilhaber der Firma wurde. Auch diese Filiale entwickelt alsbald eine lebhafte eigene Umsatzthätigkeit zwischen dem östlichen und südwestlichen Europa via Triest und Venedig. Am 2. Januar 1882 erhält Herr Kilian Nathan die Vertretung p. P. in Stuttgart für den Absatz nach Württemberg, am 1. Dez. 1888 wurde für das Schweizer Geschäft von den beiden schon seit den 50er Jahren in Basel und Zürich bestehenden Verkaufsagenturen die letztere in eine Filiale verwandelt. Auch diese entfaltete alsbald eine bedeutende eigene Thätigkeit, indem sie Bezug und Absatz über Genua und Marseille an sich zog. Endlich erhielt am 1. Okt. 1890 Herr Berthold Kern die Vertretung in der Stadt Frankfurt a. M., welche nach dem Rückgang von Mainz, der Korrektion der Mainschiffahrt[1]) und der Errichtung grossartiger Hafenanlagen und Lagerhäuser erneute Bedeutung für den Getreide-Grosshandel gewann.

Es ist ohne Weiteres ersichtlich, dass eine solche Konzentrierung des internationalen Grosshandels in den Händen relativ weniger grosser und ausgedehnter Firmen für die allgemeine Organisation des Weltverkehrs einen beträchtlichen Fortschritt bedeutet, wenn auch nicht verkannt werden kann, dass sie in dieselben Hände eine ausserordentliche wirtschaftliche Macht und Verantwortung legt.

B. Veränderungen in der kommerziellen Organisation und Technik.

I. Zentralisierung der Getreide verarbeitenden Gewerbe.

Die Konzentrierung des effektiven Imports an gewissen verkehrstechnisch günstig gelegenen Handelsplätzen hat aber auch noch zwei Umwandlungen nicht speziell handelstechnischer Natur im Gefolge.

Die erste ist eine leicht erklärliche Konzentrierung der getreideverarbeitenden Gewerbe, soweit sie grossindustriell geworden waren, an diesen Plätzen und mehr noch in deren nächster Umgebung, da ja die Grossindustrie heute bekanntlich vielfach aus Rücksichten auf polizeiliche Vorschriften, wie aus wirtschaftlichen Erwägungen (Arbeitslöhne, reines Wasser)

---

[1]) Verbindung zu Wasser mit dem europäischen Südosten durch den Main-Donau-Kanal!

aus der inneren Stadt sich zurückzieht. Diesen Gewerben musste es natürlich in ihrem Bestreben, die Konkurrenz durch Herabdrückung des Selbstkostenpreises zu überflügeln, darauf ankommen, ihr Rohmaterial möglichst aus erster Hand zu erhalten. Sie verlegen deshalb — soweit sie sich nicht etwa in Produktionsgebieten befinden, — ihren Sitz jetzt mit Vorliebe in den Bereich der dafür in Frage kommenden Importplätze. Es sind dies vorzugsweise die Dampfbrauereien und Dampfmühlen. So befinden sich, wie schon erwähnt, in Mannheim, einer Stadt von knapp 100000 Einwohnern, nicht weniger als 7 grosse (darunter 6 Aktien-)Brauereien, während vor noch nicht allzulanger Zeit die Brauerei in Baden ein ganz dezentralisiertes, nicht einmal vorwiegend städtisches Gewerbe war.

Aehnlich ist es mit der Müllerei. Mitte der vierziger Jahre zählte man in Baden[1]):

1862 Wassermühlen mit 4418 Mahlgängen und 3724 Arbeitern.

Anfang der sechziger Jahre:

1922 Wassermühlen mit 4898 Mahlgängen und 4223 Arbeitern.

Mitte der neunziger Jahre:

1855 Wassermühlen mit — Mahlgängen und 3711 Arbeitern.

Die kleinbetriebliche, dezentralisierte Müllerei hat also in der Neuzeit abgenommen, und ist sich im Grossen und Ganzen ziemlich gleich geblieben.

Dagegen wurden in neuester Zeit gegründet:

1894 die Ludwigshafener Dampfmühle mit 2 Millionen M. Aktienkapital und einer Produktion von täglich 200 tons. Sie zahlte die ersten Jahre 8 % Dividende.

1897 die Mannheimer Rheinmühlenwerke mit 1½ Millionen M. Aktienkapital und einer Produktion von 200 tons täglich.

1897 die Herrenmühle mit 700000 M. Aktienkapital u. 500000 M. Anleihe und einer Produktion von 60 tons täglich. Gleichzeitig entstanden neu oder in Ausgestaltung älterer Kunstmühlen in Mannheim, Ludwigshafen und im Umkreise der Stadt gegen 40 Kunst- und Handelsmühlen, schon innerhalb der Gemarkung Mannheim eine beträchtliche Anzahl, und ebenso eine Anzahl grosser Kunstmühlen in den Nachbarorten Weinheim, Heidelberg, Neckargemünd und Bammenthal.

---

1) Vgl. Dr. P. K. Mohr, »Die Entwicklung des Grossbetriebes in der Mühlenindustrie«. Berlin 1898.

II. Das Lagergeschäft.

1) Die Lagerhäuser.

Die andere Erscheinung, die wir als Folge der geschilderten Handels-Entwicklung einer Betrachtung unterziehen müssen, ist das Entstehen der modernen grossen öffentlichen Lagerhäuser an derartigen Plätzen [1]). Dieselben stehen mit den kleinen Fruchthallen der Stadtwirtschaft und des Merkantil-Systems in der Regel in keinem sachlichen Zusammenhang. Sie sind vielmehr erwachsen aus den mit den modernen Verkehrsmitteln und dem durch sie geförderten Welthandel in Massenartikeln sich ergebenden zoll- und steuertechnischen Massnahmen und bedeuteten in ursprünglicher Form einen Kompromiss zwischen den Bedürfnissen des immer lebhafter werdenden internationalen Transit-Verkehrs und den seine Entwicklung hemmenden Zollschranken. Letztere wurden unerträglich für den Handel, wo es sich um Waren handelte, welche das Land und den fr. Handelsplatz nur passierten, um alsbald wieder ins Ausland zu gehen. Für sie errichtete man deshalb, wenn möglich im Freihafengebiet, besondere Transitlager, d. h. Räumlichkeiten beträchtlichen Umfangs, wo die nur auf Rechnung des Platzes für das Ausland bestimmten Waren zollfrei bis zum Moment der Wiederausfuhr lagern konnten. Natürlich wurde diese Konzession nur gemacht unter Sicherung einer genügenden Kontrolle und steten Aufsicht der Behörde. Dies war der Grund, weshalb man von vornherein besondere, öffentliche Lagerhäuser für diesen Zweck erbaute, und sich nicht an die vorhandenen Privatspeicher anlehnte. Wir finden derartige Einrichtungen erklärlicher Weise zuerst in England (als »docks«) und Frankreich (als »entrepots«).

Da die Spekulation es oft zweckmässig erscheinen liess, Waren, die ursprünglich für's Ausland bestimmt waren, im Inlande abzusetzen, so kam man bald zu der Uebung, gegen nachträgliche Zahlung des Zolls die dort lagernden Waren auch für den Inlandskonsum entnehmen zu können, so dass die Wiederausfuhr nicht mehr notwendige Bedingung der zollfreien Lagerung dortselbst blieb. Mit dem steigenden Umfang des effektiven Verkehrs kam man, nachdem das Prinzip doch einmal durchbrochen war und da die Lagerung so grosser Quantitäten in den Privatspeichern

---

1) Vgl. bes. Deutsches Handelsgesetzblatt 1878, p. 205 ff., auch *E. Ehrmann*, Lagerhäuser und Warrants« (Wien, 1876) p. 2 ff.

häufig nicht angängig, jedenfalls mit grösseren Kosten und Unbequemlichkeiten verknüpft war, allmählich dazu, diese Transitlager für Waren aller Art, selbst inländischer Provenienz, in Benutzung zu nehmen, zumal dieselben dank ihrer günstigen Lage im Hafen- und Bahnhofs-Gebiet meist die Transportverhältnisse sehr vereinfachten. Und man ging in immer grösserer Ausdehnung dazu über, derartige selbständige und öffentliche Miet-Lagerräume aus verkehrstechnischen Gründen auch ohne Rücksicht auf Zollverhältnisse zu errichten, da auch die zur Erhaltung der Ware nötigen Arbeiten hier bedeutend rationeller und billiger vorgenommen werden konnten. Diese Entwicklung bedeutet ein doppeltes: einmal die Verselbständigung einer weiteren Funktion des Handels, der Lagerung, wie ehedem des Transports; zweitens den Uebergang dieser bisher dezentralisiert und privatim vorgenommenen Thätigkeit zum centralisierten und öffentlich benutzbaren Grossbetrieb. Als Eigentümer dieser neuen Verkehrsinstitute finden wir heute die verschiedensten juristischen und physischen Personen: Staat, Kommune, Rhedereien, Eisenbahnen, Produzentengenossenschaften, Banken und ähnliche Geldinstitute, Arbeitergenossenschaften, kaufmännische Korporationen.

Die allgemeinen Vorzüge privat- und volkswirtschaftlicher Natur, welche der öffentliche centralisierte Grossbetrieb der Lagerung vor den Privatspeichern jeder Art voraus hat, sind im Eingang dieses Abschnitts schon flüchtig skizziert worden. Wenn wir sie resumierend noch einmal zusammen fassen, so finden wir als solche

1) das Lagerhaus besitzt alle diejenigen Eigenschaften, welche allgemein dem Grossbetrieb seine Ueberlegenheit über den Kleinbetrieb gewähren. Hierin gehört zunächst die Verringerung aller Generalkosten jeder Art; ferner für den Einlagerer der Vorteil, dass er nur die wirklich ihm geleistete Arbeit, die von ihm wirklich benutzte Raummiete — auch dies noch relativ billiger — zu zahlen hat und nicht die dauernde Last von Speichermieten und Arbeitspersonal, das nur zeitweilig oder teilweise zur Ausnutzung gelangt, tragen muss. Der Grossbetrieb ermöglicht ferner eine meist billigere und stets bessere Behandlung der Waren, wie sie zu deren Konservierung erforderlich ist, sowie auch jener Manipulationen, die man der Ware vor dem Verkauf angedeihen lassen muss, wie Reinigen von fremden Bestandteilen, Putzen, Umpacken, Mischen, Sortieren, Abwägen und Abmessen etc. Vor

allem schafft er erst die Rentabilität für die Anwendung jener grossartigen maschinellen Hilfskräfte bei all diesen Massregeln, die wir später noch kennen lernen werden.

2) Das Lagerhaus zieht eine Reihe ausserordentlicher Vorteile aus seiner regelmässigen örtlichen Lage an der zweckmässigsten Stelle des Hafen- und Bahnhofsgebietes und seiner wirtschaftlichen Verbindung mit diesen Anlagen. Der augenfälligste dieser Vorteile ist die Ersparung von Arbeit, Zeit und Geld durch Vermeidung unnützen Einzeltransports nach und von den dezentralisierten Privatspeichern. Es entfallen aber auch für den Einzelkaufmann alle die Unbequemlichkeiten der Kontrolle und Aufsicht, des Wartens auf Recepisse, Bolletten, Ausstellens von Scheinen u. s. w.; das Lagerhaus nimmt ihm alles dies ab und besorgt es schneller und einfacher, so weit es nicht überhaupt überflüssig wird.

Wie notwendig bei zollpflichtigen Waren dies Institut wird, ist oben schon zur Genüge erörtert. Ebenso ist schon darauf hingewiesen, dass der Garantie des Lagerhauses gegenüber auch bei gebrochenem Verkehr meist direkte Frachtsätze gewährt werden. Der ausserordentliche Vorteil, der hierin für den Kaufmann liegt, ist nicht etwa nur pekuniärer Natur: In seiner Eigenschaft als Zwischenhändler kommt ihm meist viel darauf an, dem Lieferanten seine Absatzkundschaft und dem Abnehmer seine Bezugsquellen zu verschweigen. Bei dem direkten Versandt der Ware vom Bezugs- an den Absatzplatz wird dies in der Regel nicht leicht angängig sein; wollte er aber alle durch die Vermittlung seiner Firma umgesetzte Ware auf gebrochenem Wege effektiv durch seine Hand gehen lassen, so wären damit die meisten kommerziellen Fortschritte der neuesten Zeit aufgehoben. In dieser Lage bewährt sich das neutrale anonyme Lagerhaus als trefflicher Ausweg, denn der von diesem aus geschehenden Reexpedition gegenüber kann die Transportgesellschaft den direkten Frachtsatz selbst bei Monate langer Unterbrechung gewähren. Kommt es ihr doch bei dieser Vergünstigung lediglich darauf an, dass das gleiche Objekt, vielleicht sogar nur ein transporttechnisch gleichwertiges Warenquantum überhaupt die ganze fr. Strecke innerhalb gewisser Zeit zurücklegt. Dadurch wird für den Händler ein Geschäft vielfach überhaupt erst möglich. Es muss vielleicht ein grosser Posten Getreide sofort abgenommen werden, der jedoch erst nach längerer Zeit oder in mehreren Terminen zu Reallieferungen gelangen soll, oder überhaupt noch nicht verkauft ist, — ein Geschäft, das bei gebrochenen Tarifen und privater Speicherung ziemlich kostspielig ist, bei Lagerhausbenützung aber nicht die geringsten Schwierigkeiten macht. Schliesslich sind die Transportgesellschaften angesichts der grossen Steigerung und der Stetigkeit des Verkehrs, welche durch Lagerhäuser entsteht, diesen gegenüber vielfach überhaupt zur Bewilligung niedriger Spezialtarife geneigt, besonders wo die Lage derselben die Benutzung verschiedener konkurrierender Transport-Wege und -Arten ermöglicht, aus Konkurrenzrücksichten.

3) Die letzte Kategorie von Vorzügen des Lagerhauses entspringt aus seinem Charakter als eines von den privatwirtschaftlichen Einzelinteressen des Händlers, wie von den eigentlichen Funktionen des Transports und der Spekulation losgelösten selbständigen Institutes zur öffentlichen Benutzung. Die hier einschlägige Thätigkeit des Lagerhausgeschäfts war leider in Deutschland bis in die letzte Zeit durch mangelhafte Ausgestaltung des positiven Rechts ausserordentlich gehemmt. In dem »Allgemeinen deutschen Handelsgesetzbuch« war diese — in Deutschland allerdings zur Zeit seiner Entstehung noch fast unbekannte — wirtschaftliche Erscheinung gar nicht berücksichtigt. Der Lagerhaushalter hatte an sich nicht einmal Kaufmannsqualität; die von ihm abgeschlossenen Geschäfte fielen unter die Normen des bürgerlichen Rechts und Zivilprozesses, d. h. sie waren unter die Vorschriften des allgemeinen Hinterlegungsvertrages inbegriffen. Diese jedoch, wesentlich auf Hinterlegung von Geld, Wertpapieren und Wertgegenständen berechnet, passten teils gar nicht auf die Warenlagerung, teils waren die völlig unzureichend. Denn naturgemäss hat es das Lagerhaus in erster Linie mit relativ geringwertigen Massenprodukten, namentlich Rohmaterial und Halbfabrikaten zu thun. Bei diesen handelt es sich aber um Unterbringung durch Raumgewährung, beim bankmässigen Depot dagegen um finanzielle Sicherheitsleistung, also um zwei wesentlich verschiedene Vertragszwecke. Ueber die vom Lagerhalter anzuwendende Sorgfalt, den Grad seiner Haftung, seine speziellen Pflichten und Rechte gab es keinerlei gesetzliche Bestimmungen. Der Handel half sich zwar von Fall zu Fall nach Massgabe besonderer Betriebsordnungen. Aber das war doch angesichts der zunehmenden Bedeutung des Lagerhausverkehrs im Welthandel und der mangelnden Einheitlichkeit an den verschiedenen Plätzen, ja selbst an demselben Platz in verschiedenen Lagerhäusern unzureichend. So wurde es denn, nachdem das Ausland

allenthalben bereits vorgegangen war, neuerdings bei der Revision des Handelsgesetzbuches endlich durchgesetzt, dass das »Lagergeschäft« in die Kategorie der relativen Handelsgeschäfte aufgenommen wurde und durch Buch III Tit. V (§ 416—424) des neuen »Handelsgesetzbuches für das deutsche Reich«, das am 1. Januar 1900 in Geltung tritt, ziemlich eingehend geregelt wurde. Darnach gilt als »Lagerhalter«, wer »gewerbsmässig die Lagerung und Aufbewahrung von Gütern übernimmt«. Wenn dies also nur im Einzelfall oder unentgeltlich geschieht, so kommen die citierten Vorschriften nicht in Anwendung, selbst wenn der Betreffende Kaufmann im Sinne des Gesetzes ist; ebensowenig, wenn es nur in Ausübung der Funktion als Spediteur oder Kommissionär geschieht. Im übrigen hat man nach Thunlichkeit die Grundsätze, welche für die Spedition gelten, sinngemäss auf die vorliegende Materie angewendet, was sich um so mehr empfahl, als beides praktisch oft zusammenfällt. So haftet der Lagerhalter für Beschädigung oder Verlust mit der »Sorgfalt eines ordentlichen Kaufmanns«[1]), für deren Beobachtung er die Beweislast trägt[2]); er hat ferner die Verpflichtung, die Rechte des Einlagerers gegenüber dem Schiffer und Frachtführer wahrzunehmen, sowie der Beweissicherung und sofortigen Benachrichtigung desselben bei erkennbaren Mängeln des eingelieferten Gutes, zur Versicherung aber nur auf Verlangen des Einlagerers. Er muss endlich Besichtigung, Entnahme von Proben, Vornahme der zur Konservierung notwendigen Arbeiten, soweit er letztere nicht vertragsmässig selbst übernimmt, während der Geschäftsstunden gestatten. Dagegen hat er das Recht des Selbsthilfeverkaufs bei Verzögerung oder Verweigerung der Abnahme, sowie bei drohender Entwertung; er kann Zurücknahme der Ware verlangen, bei triftigen Gründen[3]) sofort, andernfalls unter Innehaltung einer einmonatlichen Kündigungsfrist, jedoch nicht vor Ablauf der kontraktlich vereinbarten Zeit, Mangels solcher nicht vor 3 Monaten; er hat endlich für Sicherung der Lagergebühren ein Pfandrecht, hinsichtlich anderer Forderungen aus laufender Rechnung oder geleisteten Vorschüssen nur das allgemeine kaufmännische Retentionsrecht[4]) an der eingelagerten

---

1) Im englisch-amerikanischen Recht haftet er sogar bis zur vis maior.
2) Umgekehrt nach der Betr.O. der »Mannh. Lagerh.Ges.«
3) z. B. bei einer die andern eingelagerten Waren zu entwerten drohenden Verschlechterung.
4) § 369.

Ware. Für alle Ansprüche des Einlagerers gegen ihn gilt die kurze einjährige Verjährungsfrist des Speditions- und Kommissionsgeschäfts. — Dies sind die wesentlichsten Bestimmungen des neuen Handelsrechts.

Als ein derartiges öffentliches und selbständiges Institut mit gesetzlich normierten Funktionen gewährt das Lagerhaus ein Mass von Garantie und öffentlichem Glauben, der in verschiedenster Hinsicht von Bedeutung wird. Ist durch die Haftung des Lagerhalters schon die Sicherheit und Konservierung der Ware gewährleistet, so kommt vor allem der Thätigkeit des Lagerhauses beim Wägen und Messen, Muster ziehen, Qualität ermitteln etc., und seinen diesbezüglichen Bescheinigungen eine solche Sicherheit für Unparteiischkeit, Verlässlichkeit, fachmännische Ausführung und kaufmännische Sorgfalt zu, wie sie bei privater Speicherung nicht erreichbar ist und in der Regel jede Nachprüfung und jedes Misstrauen unnötig macht. Das Lagerhaus stellt also bis zu einem gewissen Grade eine auf dem Boden des freien Verkehrs sich vollziehende Rückkehr zu einer Art Uebernahme der Qualitätsgarantie von Waren auf wirtschaftlich neutrale Funktionäre dar, im Erfolg ähnlich der amtlichen Warenschau des Mittelalters. Eine Aehnlichkeit mit den Funktionen der mittelalterlichen Handelsregulierung besteht auch insofern, als die Ausschaltung eines ganzen Kreises von Agenten und Detailhändlern ermöglicht wird namentlich da, wo sich das Lagerhaus gleichzeitig mit Spedition, Auktionen und Verkäufen abgiebt, jedoch auch ohne dies; und ebenso liegt eine Verwandtschaft der Wirkung in der Erhöhung der Publizität des Handels, wie sie das bei allgemeiner Verbreitung der Institution erzielte Aufdecken des jeweilig verfügbaren Vorrates, der »visible supply« herbeiführen würde.

Auch die Funktion als Reservemagazin für später zu erwartenden, nach Zeit und Grösse unbestimmten, auch unvorhergesehenen Bedarf finden wir beim Lagerhaus wieder und zwar ganz speziell, wo sich eine so starke Konzentration stetiger Lagerbestände herausbildet, wie es in Mannheim und überhaupt bei den modernen grossen Stapelplätzen der Fall ist. Die Konzentration der Lagerung befreit hier zunächst einmal die zweite Hand — Provinzgrosshändler, Müller, Brauer etc. — von dem überaus lästigen Zwange, selbst grosse Lagerbestände über den momentanen Bedarf hinaus zu halten. Diese lassen, wie wir später noch sehen werden, beim Einkauf die beträchtlichen Quantitäten, über die zu schliessen sie durch ihre entsprechend grossen Verkäufe genötigt sind, im Mannheimer Speicher ruhig lagern und beziehen dieselbe in Einzelposten nach Massgabe des jeweiligen Bedarfs, so dass Mannheim thatsächlich das Magazin für die kornverarbeitende Industrie des ganzen Hinterlandes — Schweiz und Südwestdeutschland — ist. Welch kolossale Ersparung von Raum und Arbeit und Kapital eine derartige Zentralisierung bedeutet, liegt auf der Hand. Fast noch wichtiger ist dieselbe, wenn man sie unter dem Gesichtspunkte der Ernährung des Heeres im Kriegsfall betrachtet. Während andere Staaten, wie die Schweiz[1]), alljährlich einen eisernen Fond von Brotkorn zu diesem Zweck in öffentlichen Magazinen lagert, kann ein Land, in dem der Handel sich derartige Institutionen, wie die erörterten, geschaffen hat, ohne seine Sicherheit aufs Spiel zu setzen, jene kostspieligen Massregeln entbehren. In dieser Erkenntnis hat deshalb auch das Proviantamt in Mannheim den Auftrag erhalten, allmonatlich die Bestände der dortigen Lager zu ermitteln und der Intendantur bekannt zu geben. Dass in einem Stapelplatz mit zahlreichen Privattransitlagern thatsächlich eine genügende Bürgschaft der Art — eine bessere, als in ein paar Staatsmagazinen — liegt, lehrt ein Blick auf die Kapazität der Mannheimer Lagerhäuser und ihre Entwicklung.

Das erste solche in Deutschland überhaupt waren die hier 1865 gegründeten Hallen einer zu diesem Zweck zusammengetretenen Aktiengesellschaft. Diese und das wenige Jahre später in München von der Kommune erbaute Lagerhaus blieben lange Jahre hindurch die einzigen in Deutschland. Dieselben lagerten noch vornehmlich Petroleum, immerhin aber spielte daneben auch Getreide schon eine hervorragende Rolle. Die Zweckmässigkeit solcher Speichereinrichtungen ergab sich schon in den ersten Jahren ihres Bestandes. Nach Ausweis der Jahresberichte lagerten:

Petroleum	1867	21 897 Fässer		
	1869	36 574 »		
	1871	60 217 »		
	1873	74 335 »		
Andere Güter	1871	52 750 Ztr.	7 Pfd.	
	1872	55 889 »	33 »	
	1873	64 596 »	48 »	

1) Selbst in England ist eine derartige Sicherheitsmassregel von seiten der Regierung in Erwägung gezogen, jedoch wegen ihrer zu grossen Kostspieligkeit vor der Hand davon abgesehen worden.

München lagerte Getreide:

1872	2665 Waggons
1873	6253 "
1874	7951 "

Diese Zahlen bewiesen das Bedürfnis derartiger Institute zur Genüge. Es kam dazu, dass man bei dem räumlichen Umfang derartiger Lagerhäuser für das Auf- und Vom-Lager-bringen, sowie für die zur Konservierung notwendigen Arbeiten maschinelle Thätigkeit in Anwendung bringen konnte, wodurch sich der Entgelt dafür ebenso relativ niedrig stellte, wie die Lagermiete gegenüber den hohen Spesen der Privatspeicher, deren Haltung ausserdem durch die steigenden Arealwerte in der Innenstadt sich vielfach unrentabel machte. Endlich bewilligten die Transportgesellschaften in richtiger Erkenntnis der Vorteile, welche ihnen die mit den Lagerhäusern verbundene Steigerung des Lokalverkehrs brachte, meist den Vorzug »ungebrochener« Frachten für alle das Lagerhaus passierenden Güter, derart, dass z. B. Getreide nur die direkte Fracht Rotterdam-Basel trug, wenn es auch in Mannheim Wochen oder Monate lang im dortigen Lagerhaus lagerte.

Die Vorteile, welche alle diese Vergünstigungen dem Getreidehandel brachten, waren so augenfällig, dass 1872 die genannte Gesellschaft, welche, wie erwähnt, wesentlich Petroleum gelagert hatte, und deren Kapital zur Schaffung der nunmehr auch für andere Waren, insbesondere Getreide, wünschenswert gewordenen Lagerhäuser nicht ausreichte, liquidierte und an ihrer Stelle die neue »Mannheimer Lagerhaus-Gesellschaft« mit einem Kapital von 900 000 M. [75% bar eingezahlt], sich bildete, welche die Bestände der alten übernahm und erweiterte, und überdies noch eine besondere »Getreide-Lagerhausgesellschaft« neben ihr ins Leben trat, die für den Mannheimer Getreidehandel bald noch grössere Wichtigkeit gewann als jene.

Aber auch die erstere gewann jetzt eine erhöhte Bedeutung für den Handel Mannheims durch den öffentlichen Charakter, den sie von vornherein erhielt. Das vorhergegangene Unternehmen war ein rein privater Erwerbsbetrieb gewesen. Wiederholte seiner Gründung vorhergehende wie nachfolgende Petitionen der Handelskammer und des Gemeinderats um Errichtung staatlicher Lagerhäuser hatten keinen Erfolg gehabt, weil man in Regierungskreisen der Ansicht war, es sei dies eine Angelegenheit des Handelsstandes, in die sich der Staat nicht hineinzumischen habe. Jetzt erklärte sich die Regierung im Hinblick auf die schon hervorgerufene und noch weiter zu erwartende Steigerung des Güterverkehrs auf den grossherzoglichen Bahnen wenigstens zu einer Subvention des Unternehmens bereit: das Handelsministerium verpachtete der neuen Gesellschaft ein zwischen dem neuen Rheinhafen und dem Zentralgüterbahnhof gelegenes Bauareal im Umfang von 150 × 28,2 m, auf 30 Jahre vom Tag der Inbetriebsetzung der Anlagen an, für jährlich 3000 M. Die Bahnverwaltung versah es auf ihre Kosten mit einer von ihr auch in Stand gehaltenen Kaimauer. Die Lagerhausgesellschaft aber hatte diejenigen Strassen und Geleise anzuzulegen und zu unterhalten, welche sie für ihren ausschliesslichen Gebrauch reserviert wissen wollte. Die zu errichtenden Anlagen bedürfen der Genehmigung. Frühestens nach 10 Jahren ist der Vertrag kündbar. Von dann ab kann die Bahnverwaltung unter einjähriger Kündigung entweder gegen bestimmte Entschädigung Entfernung der Anlagen verlangen oder gegen bestimmten Kaufpreis sie selbst erwerben; ebenso nach Ablauf des Gesamtvertrages, wenn keine neue Vereinbarung zu stande kommt.

Auf Grund dieses Vertrages errichtete die Gesellschaft ein fünfstöckiges, massives Gebäude mit fünf Abteilungen und Balkenkellern für Güter aller Art und 20 besondere Petroleumkeller. Die Gebühren sind tarifmässig [1]) festgesetzt unter Zugrundelegung des Eingangs-Bruttogewichts. Die Sätze sind gering, namentlich die eigentlichen Lagergebühren, welche 4 ₰ pro dz. und Monat, vom Tage der Einlagerung an berechnet, betragen. Diese decken nur die Selbstkosten; der Verdienst wird durch die Gebühren für die grösstenteils mechanisch betriebenen Arbeitsleistungen erzielt; hier werden entrichtet pro dz.:

für auf oder vom Lager [2]) bringen	3, 4, 6 ₰	
» auf- oder abwinden	4 »	oder 3 ₰
» aus- oder einladen in die Bahn	4 »	
» umladen, z. B. vom Schiff in die Bahn	9 »	
» abwägen	3 »	
» Musterziehen	20 »	
» Geleisebenützung	3 »	
» Umschichten von Säcken	6 »	
u. dgl. m.		

Ausserdem werden die 6 Etagenräume auch jahr- und monatweise vermietet.

---
1) §§ 10—18 d. Betr.Ordn.
2) Je nach der Lagerung im Freien, Schuppen, Lagerhaus.

Die »Mannheimer Getreidelagerhausgesellschaft« bildete sich aus der »Vereinigung Mannheimer Getreidehändler«, da die unterschiedslose Annahme aller Waren in den Speichern jener Gesellschaft nicht genügend Garantie dafür leistete, dass für die grossen Mengen Getreide, die jetzt am Platze umgesetzt wurden, jederzeit genügend Raum frei sein werde. Sie mietete deshalb 5 grosse Getreidehallen am Mühlauhafen mit einer Kapazität von 14 500 t zur ausschliesslichen Benützung für diese Ware und in erster Linie nur für die Vorräte ihrer Mitglieder. Wie notwendig eine Erweiterung der Lagerräume für Getreide war, ergiebt sich daraus, dass seitens der grösseren Firmen schon seit Ende der 70er Jahre trotzdem noch umfangreiche Privatlager neu erstanden, die zusammen heute über 20 an der Zahl mit einer Gesamtkapazität von 57 000 t betragen. Aber auch die »Mannheimer Lagerhausgesellschaft« erweiterte ihre Räumlichkeiten für Getreide in angemessenem Massstab; betrug doch 1885 bereits der Gesamtzugang an Getreide plus dem übernommenen Lagerbestand nicht weniger als 62 530 t, für alle andern Güter ausser Petroleum zusammen nur 16 358 t. Heute besitzt die Gesellschaft ausser dem älteren Lagerhaus, das nur Schuttböden und Kellerräume enthält, noch den sogenannten »Gruber-Speicher« mit einer Kapazität von 10 000 t, der mit den modernsten technischen Einrichtungen und Maschinen versehen ist, und einen Silospeicher mit Elevatoren, der Lagerräume für 15 000 t enthält. In allerjüngster Zeit entstanden, da es fortwährend an Raum gebrach und grosse Getreidevorräte teils in allgemeinen Güterspeichern, teils in Notschuppen, teils selbst in Ludwigshafener Lagerräumen untergebracht werden mussten, ein »Lagerhaus der Grh. Staatseisenbahnen« mit 136 × 24,10 m Basis und 20000 t Kapazität, und ein »Getreidelagerhaus der Pfälzer Bank« 170 × 24,10 m gross und 30000 t fassend; endlich ist der Bau einer »Nothalle zur Getreidelagerung« von gleicher Grösse ins Auge gefasst. Alles in allem können in Mannheimer Speichern z. Z. gelagert werden gegen 150000 t Getreide, in Mannheim und Ludwigshafen zusammen ca. 250000 t.

2) Die Lagerscheine.

An die Lagerhausinstitution knüpft sich nun die Entstehung einer weiteren wirtschaftlichen Einrichtung, die in ihrer späteren Ausgestaltung eine ungeahnte Bedeutung erhalten sollte: Der

Lagerschein oder Warrant. — Der Einlagerer muss selbstverständlich als Ausweispapier und Legitimation behufs späterer Abhebung der Ware und Beilegung etwaiger Differenzen eine Hinterlegungsbescheinigung vom Lagerhalter erhalten, in welcher die wesentlichen Momente des fr. Lagervertrags, als Qualität, Art und Menge der eingelagerten Ware, die vereinbarte Lagerzeit resp. ein Mindest- oder Höchstmass derselben, und Rechtspersönlichkeit der beiden Kontrahenten fixiert sind. In ursprünglichster Form ist ein derartiges Papier nichts anderes als eine Beweisurkunde in Händen des Einlagerers zur Spezifizierung seiner Ansprüche gegen den Lagerhalter. Im Lagerhausgeschäft aber nimmt der Schein aus naheliegenden Gründen fast allgemein von vornherein den Charakter einer Berechtigungs-Urkunde an, d. h. eines Papiers, an dessen Besitz die rechtliche Geltendmachung des in ihm verkörperten Anspruchs, an dessen Auslieferung die Leistung der fr. Schuld geknüpft ist, wie bei Namens-, Inhaber- und Order-Papieren. Damit war der Weg zur juristischen Fortentwicklung, zur handelstechnischen Fruktifizierung des Lagerscheins im Wesentlichen gegeben.

Zunächst drängte die materielle Unthunlichkeit, die eingelagerten Waren stets persönlich wieder in Empfang zu nehmen, zur Schaffung der Möglichkeit, dies durch einen Mandatar des Eigentümers thun zu lassen; es wurden demgemäss die Lagerscheine alsbald »an Order« ausgestellt, so dass sie nunmehr durch Indossament frei übertragbare einseitige Verpflichtungsscheine des Lagerhauses wurden. Damit war aber im Wesentlichen ein neues Prinzip des Handelskaufes durchgedrungen. Die Mobilisierung gerade der verkehrstechnisch schwerfälligsten Waren war fast bis zum Ideal der Umsatzleichtigkeit gesteigert; was der mündliche Kaufvertrag allein bisher nur beschränkt und in unzureichender Weise vermocht hatte, wurde damit Grundlage des Grosshandels für die fr. Branchen: Waren-Zirkulation ohne Waren-Translocierung. Für den »Warrant«, wie der gebräulichste terminus technicus für derartige Papiere lautet, galt jetzt das volle Recht der indossablen Papiere überhaupt: »Durch das Indossament gehen alle Rechte aus dem indossierten Papier auf den Indossatar über. Dem legitimierten Besitzer der Urkunde kann der Schuldner nur solche Einwendungen entgegensetzen, welche die Giltigkeit seiner Erklärung auf der Urkunde betreffen oder sich aus dem Inhalt der Urkunde ergeben oder ihn unmittelbar gegen den Besitzer zustehen«, nicht aber solche, die sich aus der Persönlichkeit des Einlagerers oder seinem Vertragsverhältnis zum Lagerhalter ergeben[1]). Allerdings fehlte vorläufig noch die volle rechtliche Anerkennung der damit vor sich gegangenen Umwandlung in einem nicht unwichtigen Punkte. Verlieh doch der Besitz des Warrant dem indossierten Inhaber nur ein Forderungsrecht gegen das Lagerhaus auf Auslieferung der Ware oder sonstige Disposition über dieselbe, nicht aber ein dingliches Recht an der Ware selbst, ein Mangel, der die relativ geringe Ausbreitung des Warrantverkehrs in Deutschland nicht am letzten mit verschuldet hat. Derselbe ist jetzt gehoben durch § 424 des neuen »Handelsgesetzbuchs für das deutsche Reich«, welcher mit klaren Worten den Warrant zum Traditionspapier erhebt:

»Ist von dem Lagerhalter ein Lagerschein ausgestellt, der durch Indossament übertragen werden kann, so hat, wenn das Gut von dem Lagerhalter übernommen ist, die Uebergabe des Lagerscheins an denjenigen, welcher durch den Schein zur Empfangnahme des Gutes legitimiert wird, für den Erwerb von Rechten an dem Gute dieselben Wirkungen, wie die Uebergabe des Gutes.« —

Der kommerzielle Ersatz der Effektiv-Ware durch ein Warenpapier hat nun volkswirtschaftlich noch eine weit einschneidendere Wirkung, als eine blosse Erleichterung und Vereinfachung der Warenzirkulation, nämlich eine ausserordentliche Ausdehnung und Fruktifizierung des Warenlombards, und zwar gerade für die auch in dieser Hinsicht sprödesten Güterklassen. Der Warrant wird vom Repräsentationsschein zum Kreditmittel; der Grosshändler trägt jetzt seinen gesamten Warenvorrat im Portefeuille, wie der Bankdeponent sein Barkapital im Chèque-carnet und verfügt darüber durch blosses Indossament. Das bedeutet einerseits eine grosse Steigerung der Kreditfähigkeit für den wirklich kapitalkräftigen Kaufmann, andererseits aber — und das ist für den Handel ein noch wichtigerer Gesichtspunkt — eine Verlegung des kommerziellen Kredits von der personalen auf die reale Grundlage. Bei den grossen Kapitalien, um welche es sich heute im Grosshandel handelt, und bei den über die ganze Erde ausgedehnten Netze des Weltverkehrs kann der für die kleinen Verhält-

---

[1]) Allg. D. H.G.B. § 303, H.G.B. f. d. D. R. § 364.

nisse des territorial beschränkten Verkehrs und der persönlichen Geschäftsbekanntschaft zugeschnittene Personalkredit immer weniger genügen. Nicht mehr das in Krisenzeiten oft gefährliche und unsichere Vertrauen auf die Firma als eine für solid und zahlungsfähig bekannte, sondern der reelle Warenvorrat, über den dieselbe als Eigentum verfügt und dessen annähernde Höhe unter öffentlichem Glauben im Warrant beurkundet ist, wird nunmehr Ausgangspunkt bankmässiger Kreditgewährung. Eine wie solide Basis dies für die Spekulation, wie für den gesamten Handelsverkehr abgiebt, ist wohl nicht notwendig, eingehend zu erläutern. Bedeutet doch der Warrant-Lombard geradezu das Ideal aller Verpfändung: Grösstmögliche Sicherheit des Verkehrs neben denkbar freiester Verfügungsfähigkeit auf Seiten des Schuldners.

In der soeben geschilderten Ausgestaltung findet sich das Warrantsystem jedoch bisher eigentlich nur in Amerika, teilweise in England. Der übrige europäische Kontinent und speziell auch das deutsche Reich hat dieses Institut zur Zeit noch wenig ausgebildet. Der Grund hierfür ist in erster Linie wohl in der trotz allseitigen Drängens seit einem Vierteljahrhundert noch heute mangelnden Regelung durch eine einheitliche Reichsgesetzgebung zu suchen. Wir haben bereits gesehen, dass selbst die blosse rechtliche Sanktionierung des Warrants als ein mit dinglichen Rechten ausgestattetes Repräsentationspapier erst im neuen Handelsgesetzbuch mit Geltung vom 1. Januar 1900 ab seine definitive Erledigung gefunden hat. Die viel wichtigere Funktion desselben als Unterlage von Warenlombard, die gerade rechtlicher Regelung in viel höherem Masse bedürftig ist, ist bis heute von der Gesetzgebung ignoriert worden.

Die Mannheimer Lagerhausgesellschaft fühlte diesen Mangel sofort im ersten Jahre ihres Bestehens, zumal nach dem älteren Wortlaut des Gesetzes nicht ersichtlich war, ob sie »staatlich zur Aufbewahrung und Lagerung solcher Waren ermächtigt« und demnach eigentliche Warrants auszugeben berechtigt war. Sie wandte sich demgemäss an die Regierung, um eine rechtliche Sicherung ihrer Funktionen zu erwirken. Die zum Gutachten aufgeforderte Handelskammer sprach sich gegen eine eventuell ins Auge gefasste landesgesetzliche Regelung des Lagerhaus- und Warrant-Wesens aus, so wünschenswert, ja notwendig an sich eine solche sei; denn sie nahm an, »dass eine Regelung der Rechtsverhältnisse der Warrants in ihrem ganzen Umfange auf dem Wege der Reichsgesetzgebung um so weniger auf sich warten lassen dürfte, als die beabsichtigte Revision des deutschen Handelsgesetzbuchs dazu ohne Zweifel den geeigneten Anlass bieten wird. Es würde sich nicht lohnen, für ein Provisorium von so kurzer Dauer einen Akt der Landesregierung herbeizuführen‹ [1]). Diese prinzipielle Stellungnahme der Korporation ist um so interessanter, als sie 1872 bei Entstehen der neuen Lagerhausgesellschaft noch erklärt hatte: ›Ein Bedürfnis, den durch Warenpfand genügende Sicherheit gewährenden Lagerscheinen die Eigenschaft eines in grösserem Umfang diskontierbaren, girierbaren, überhaupt zirkulationsfähigen, dem Wechsel entsprechenden Wertpapieres — sei es durch Erlass eines Spezialgesetzes über Belehnung von Lagerhausscheinen oder auf anderem Wege — gesetzlich verliehen zu sehen, liegt bei den günstigen Kreditverhältnissen des hiesigen Platzes nicht vor. Eine solche Ausdehnung würde durch die Verleitung zur Ueberspekulation in vielen Fällen den soliden Handel schädigen.‹ Durch die praktische Erfahrung in Mannheim selbst schlug die Stimmung so schnell um, dass unterm 25. Februar 1875 bereits in einer weiteren Eingabe ausgeführt wurde: ›Wir betrachten Warrants, wenigstens soweit sie in der Bedeutung von Lagerpfandscheinen zur Verwendung kommen, als ein sehr wichtiges und, da sie auf den Prinzipien des Realkredits beruhen, solides Kredit-Hilfsmittel für den Verkehr‹, und am Schluss der Wunsch ausgesprochen wurde, es möge doch ›Grossherzogliches Handelsministerium all seinen Einfluss aufbieten, um möglichst baldige Regelung durch Reichsgesetzgebung herbeizuführen‹, einstweilen aber der petitionierenden Gesellschaft für alle Fälle eine spezielle Ermächtigung erteilen. Letzteres geschah denn auch unterm 8. Mai 1875; in erster Beziehung täuschten die Optimisten sich leider sehr. Obwohl selbst das Handelsministerium antwortlich ausgesprochen hatte, ›dass eine weitere gesetzliche Regelung der aus der Ausgabe von Warrants entstehenden Rechtsverhältnisse auf die Dauer nicht werde umgangen werden können‹, ging die damalige Revision des Handelsgesetzbuches vorüber, ohne zu einer rechtlichen Festlegung weder des Lagerhaus- noch des Lagerschein-Systems zu führen. Sehr zum Schaden der wirtschaftlichen Entwicklung: schon 1879 klagt die Handelskammer, dass die zweckmässige Einrichtung der Warrants sich so gar nicht einbürgern wolle, und meint: ›Der Umstand, dass dieselben keine bestimmte uud unzweifelhafte recht-

---
[1]) Hk.B. 1873/74.

liche Umgrenzung haben, ist sicher ein Haupthindernis der Entwicklung des auf ihnen basierenden Kreditverkehrs gewesen«. Von jetzt an kehren derartige Klagen und Wünsche periodisch und immer dringender in den Berichten der Handelskammer wieder. Als im Jahre 1882 der »Volkswirtschaftliche Kongress« in Mannheim tagte, wurde ihm bereits auf seine Anfrage als eine den Platz besonders interessierende Frage das Warrantwesen bezeichnet und demgemäss auf die Tagesordnung gesetzt. Die Angelegenheit wurde damals an eine Kommission verwiesen; die Verhandlungen selbst hatten wenigstens den ideellen Erfolg, dass aus dem Vortrage des designierten Referenten, des Direktors der Rheinischen Hypothekenbank ein heute noch an erster Stelle zu nennendes Werk[1]) über die ventilierte Frage entstand, das in Zusammenwirkung mit den Erörterungen selbst auf dem Kongress dem vorliegenden Problem die Aufmerksamkeit weiterer Kreise der wissenschaftlichen und Handelswelt verschaffte[2]). Die Mannheimer Lagerhausgesellschaft richtete sodann (1883) an die Handelskammer die Bitte, man möge das erweckte Interesse nicht wieder erkalten lassen, sondern durch fortgesetzte Propaganda rege erhalten. Auf deren Bemühungen beim bleibenden Ausschuss des deutschen Handelstages, dessen XI. Zusammentritt für das nächste Jahr in Baden (Freiburg) angesetzt war, wurde auch hier die Frage auf die Tagesordnung gesetzt und durchaus im Sinne des Mannheimer Antrags behandelt. Darauf fussend richtete die Handelskammer im Jahre 1886 wiederum eine dringliche Eingabe an die Regierung mit der Bitte: »Grossherzogliches Ministerium wolle in allem Ernste dafür im hohen Bundesrate bemüht sein, dass alsbald nicht etwa erst nach einer von den beiden Hansastädten[3]) angestrengten Probe, — die Schaffung eines deutschen Warrantgesetzes in Angriff genommen werde«. Die Bemühungen fruchteten leider nichts, trotzdem die Handelskammer 1887 sogar einen fertigen Gesetzentwurf einreichte, um die Angelegenheit in Fluss zu

---
1) Geh. Hofrat Dr. *Felix Hecht*, »Die Warrants (Lager- und Lagerpfandscheine). Stuttgart 1884.

2) Vorher war u. W. die Angelegenheit erst ein einziges Mal zu einer öffentlichen Besprechung gekommen: bei Gelegenheit des V. deutschen Handelstages auf Antrag der Münchener Handelskammer, jedoch ohne wesentliche Folgen zu zeitigen (1872).

3) Hamburg und Bremen, die sich in gleicher Lage wie Mannheim befanden, gingen nämlich, des langen Wartens müde, damals daran, mittelst ihrer politischen Autonomie sich selbst ein derartiges Gesetz zu schaffen.

bringen. Allmählich setzte man nun seine Hoffnungen auf die für Mitte der neunziger Jahre bevorstehende — durch die Schöpfung des ›Bürgerlichen Gesetzbuches für das deutsche Reich‹ notwendig gewordene zweite Revision des Handelsgesetzbuches. Dieselbe ist in allerjüngster Zeit bekanntlich zum Abschluss gekommen, hat aber die Erwartungen auch nur sehr teilweise erfüllt. Zwei der Hauptforderungen sind allerdings erfüllt, indem das Lagergeschäft unter die Grundgeschäfte des Handels aufgenommen ist und ziemlich eingehende Regelung erfahren hat, und der Warrant als Repräsentant der Ware und Träger dinglicher Rechte anerkannt worden ist. Dies wird hoffentlich und voraussichtlich wenigstens den Erfolg haben, dass die deutsche Reichsbank von ihrer bisherigen Gepflogenheit[1]) abgeht und auch die Beleihung von Warrants zulässt, nachdem dieselben nunmehr volle Realsicherheit bieten. Immerhin ist ein eingehendes Warrantgesetz damit nicht überflüssig, sondern vielmehr doppelt wünschenswert und erforderlich geworden.

Inzwischen ist in Mannheim die Angelegenheit insofern in eine neue Beleuchtung gerückt, als die Pfälzische Bank, welche eine Filiale daselbst hat, in der jüngsten Zeit, wie schon erwähnt wurde, ein beträchtliches Getreidelagerhaus[2]) nach neuester Technik daselbst am neuen Rheinkai errichtet, und auf ihren (durch die Mannheimer Handelskammer unterstützten) Antrag vom grossherzoglich badischen Ministerium des Innern die staatliche Ermächtigung gemäss § 302 H.G.B. erhalten hat[3]). Das in Rede stehende Institut beleiht nunmehr qua Bank die Getreidevorräte, die es qua Lagerhaus selbst einlagert, lombardiert also die von ihm selbst ausgestellten Warrants. Obgleich eine derartige Personalverbindung von Lagerhaus und Kreditinstitut in mancher Hinsicht nicht ohne Bedenken scheint, bietet sie doch unläugbar grosse Vorteile. Für die die beiden Institute leitende Gesellschaft hat die Vereinigung beider Funktionen in einer Hand den Vorteil, dass die Leichtigkeit und Einfachheit der Warrantbelehnung ihrem Lagerhaus eine

---

1) Nach dem Reichsbankgesetz konnte sie zwar zinsbare Darlehen gegen Verpfändung im Inlande lagernder Warenvorräte — auf längstens 3 Monate und höchstens bis zu ²/₃ des Schätzungswertes — erteilen [§ 13 al. 3 lit. e], Lombardforderungen aber blieben als nicht genügend sicher von der Notendeckung ausgeschlossen, die nur in Gold oder diskontierten Wechseln bestehen durfte (§ 17).
2) Seit 1. Okt. 1896 in Betrieb.
3) Erlass vom 27. Nov. 1896.

grosse Anziehungskraft vor anderen verschafft und gleichzeitig ihrer Bank eine Ausdehnung des Kreditverkehrs, eine leichte und sichere Placierung ihrer Kapitalien. Für den Einlagerer eröffnet sich ausser der grossen Bequemlichkeit sofortiger Belehnung an sich noch die spezielle Möglichkeit, sich für die eingelagerten Waren bei der Bank ein Konto eröffnen zu lassen, oder wenn er ein solches schon hat, es gegen Deponierung der erhaltenen Warrants erhöhen zu lassen. Bei Verkauf der Ware genügt dann entweder einfache Abschreibung oder Eintausch der erforderlichen Warrants gegen andere über neu eingelagerte Waren.

Dass ein ausgebildetes und voll wirkendes Lagerhaus- und Warrant-System eine starke Förderung und Entwicklung des Welthandels bedeutet, brauchen wir nach obigem kaum mehr zu betonen. Erwähnenswert ist nur vielleicht noch, dass auch dieses wieder stark auf eine weitere Konzentration der Handelsplätze hinwirkt. Denn je grösser ein Lagerhaus, je umfangreicher und stetiger seine Vorräte, je kapitalkräftiger fundiert es ist, desto mehr Wert und Garantie haben die von ihm ausgegebenen Warrants, desto leichter und lieber werden sie auch ausserhalb an andern Börsenplätzen genommen, desto höher werden sie beliehen. Und umgekehrt begünstigt der Warrant-Lombard den Verkehr und Umsatz gerade der grössten und der an den bedeutendsten Handelsplätzen gelegenen Banken. Dazu kommt, dass die grossen Verkehrsknotenpunkte an sich im Bedarfsfalle am schnellsten und sichersten die Schätze ihrer Lagerhäuser nach allen Richtungen hin ausschütten können, und dass die Firmen der Plätze, wo Lagerhaus- und Warrantverkehr herrscht, meist dadurch in der Lage sind, billiger anbieten zu können. Durch alles dies erhalten natürlich jene Handelsplätze ein kommerzielles Uebergewicht über Konkurrenzplätze.

3) Die Lagertechnik.

Die durch die Formen des modernen Grosshandels indicierte Zentralisation der Lagerung stellte aber in der Folge nicht nur der Jurisprudenz, sondern auch der Technik neue Aufgaben. Es galt eine Methode ausfindig zu machen, welche beliebig lange Lagerung auch der grössten Quantitäten erlaubte unter Ausschluss der bei Getreide sehr grossen Gefahr des Verderbens. Diese droht der Kornfrucht von den verschiedensten Seiten. Feuchtigkeit erzeugt Fäulnis und Gärung, welche dem Mehl einen multrigen Geschmack verleiht, Wärme und Licht erzeugt Keimen, indem sich der Kohlenstoff des Getreides (also der Nährwert) mit dem Sauerstoff der Luft zu Kohlensäure verbindet und so im Lauf eines Jahres eine Gewichtsverminderung von mehr als 10% eintreten kann. Lagert man es in hohen Massen, so erhitzen sich die unteren Lagen durch den Druck und verderben, lagert man es in dünnen Schichten, so ist es den Verwüstungen des Kornwurmes und anderer Insekten ausgesetzt, die tiefer als etwa vier Zoll unter der Oberfläche aus Mangel an Sauerstoff nicht leben können. Dazu kommt die Gefahr des Feuers, der Ratten etc. Eine Handelsorganisation, welche auf dem Prinzip möglichst weitgreifender Zirkulation ohne Umlagerung basiert, muss deshalb ihr Hauptaugenmerk auf Anwendung zweckmässiger Massregeln zur Verhütung dieser Gefahr richten.

Es giebt nun zwei entgegengesetzte Methoden der Konservierung des Getreides. Die erste besteht in **gänzlicher Verhinderung des Luftzutritts** durch hermetischen Abschluss des betreffenden Vorrats. Auf dieser Methode in primitiver Form basierte die Getreidelagerung des Altertums und Mittelalters [1]). Man grub geräumige Höhlen in Felsen oder trockenes Erdreich, pflasterte sie zum Schutz gegen Feuchtigkeit mit Steinen oder Lehm aus, schüttete sie voll Getreide, bedeckte es mit Stroh und schüttete Erde darüber, oder man streute auch Kalk auf, um die oberste Schicht schnell zum Verderb zu bringen, wie man Eisen zum Schutz mit künstlichem Rost überzieht. Auf beide Weisen wurde der Kornvorrat bei mässigem Umfang mit ziemlicher Sicherheit gegen Verderben geschützt. Es ist aber klar, dass bei grösserer Ausdehnung der gewerbsmässigen Getreideproduktion eine derartige Lagerung in jeder Hinsicht unzulänglich wurde. Man ging deshalb in den modernen Kulturstaaten allgemein zum entgegengesetzten Prinzip der Konservierung durch **stete Berührung der Körner mit frischer Luft** über. Es geschah dies, in Anlehnung an die überkommene Gestalt der Lagerräume zunächst auf einfachen Schüttböden. Wo man bisher das Getreide kurzfristig in Säcken[2]) gelagert hatte, ging man mit der Notwendigkeit lang-

---
1) Sie ist auch heute noch in manchen Gegenden von Spanien, Ungarn, Russland in Uebung.

2) In diesem Fall konservierte man das meist ja nur kurze Zeit lagernde Korn genügend durch periodisches Umsichten der kreuzweise gelagerten meist 2 Zentner enthaltenden Säcke. Dislociert wurden diese aufwärts durch die bekannten Mühlenwinden, abwärts durch sog. »Rutschen«.

fristiger Lagerung unter Beibehaltung der Lager-Räumlichkeiten zur losen Schüttung über, bei welcher eine stete Durchlüftung des Getreides verhältnismässig leicht war, wenn die Bodenspeicher reichlich mit Fenstern und Luken versehen waren. Man schüttete das Getreide so, dass es durch schmale Gänge und einige Zwischenwände in eine Anzahl flacher Beete geteilt wurde. Diese primitivere Lagerung in loser Schüttung hatte aber zwei sehr fühlbare Nachteile. Einmal erforderte sie, besonders wenn das Korn etwas feucht oder der Speicher nicht sehr hell und luftig war, recht häufiges Umstechen und Umschaufeln des Getreides, also eine beträchtliche Verschwendung von Arbeit. Zweitens durften zur Ermöglichung sowohl dieser Thätigkeit, wie eines stetigen mässigen Luftzutritts, die einzelnen Beete oder Schichten nicht höher aufgeschüttet sein, als höchstens 1,20 m, während als Mindesthöhe des Speicherraumes 10 Fuss galt. Dazu kam ein beträchtlicher Raumbedarf für Gänge, Treppen, Winden, Rutschen, Kammern zur Aufbewahrung der leeren Säcke und sonstigen Utensilien, Gerätschaften zum Wiegen, Messen, Reinigen etc. Man rechnete bei »Bodenspeichern« mit einer mindestens 50%igen Raumverschwendung. Es konnte nicht ausbleiben, dass man auf Mittel sann, diesen Uebelständen abzuhelfen.

So lange und wo die Lagerung eine kleinbetriebliche, private war und noch Getreide und Kolligüter nach und neben einander gelagert wurden, war nichts zu machen. Jedoch mit dem Momente, wo öffentliche grossbetriebliche Lagerhäuser für Getreide als selbständige Unternehmungsformen entstanden, war der Uebergang zu einer rationelleren Konservierungs- und Lagerungs-Methode gleichzeitig durch die Form des Betriebes ermöglicht und erfordert. An Stelle des Lagerhauses mit Schüttböden trat der Silo mit Elevatoren.

Charakteristischer Weise ist der Ursprung dieser Erscheinung nicht der europäische Kontinent mit seiner schrittweise und zögernd bis auf den heutigen Stand gekommenen ökonomischen Struktur, sondern das Land, welches der Hauptträger und typische Repräsentant des internationalen Getreidemarktes ist: Amerika. Eine sehr einleuchtende Erklärung dieser verschiedenartigen Entwicklung der beiden Erdteile giebt ein gründlicher Kenner der amerikanischen Wirtschaftsverhältnisse, *Dr. H. Schumacher,* in einer Artikelserie in den »Jahrbüchern für Nationalökonomie und Statistik«[1]): »In den

---

1) III. Folge X. Bd. 3. Heft 1895 p. 362.

europäischen Ländern und insbesondere in Deutschland haben sich die Technik und Organisation des Handels der Massengüter in ihren Grundzügen bereits zu einer Zeit ausgebildet, als die Massengüter . . . noch fast ganz auf den Lokalmarkt beschränkt, nur in bescheidenem Masse Gegenstand des Austausches unter Völkern geworden waren. Im grossen internationalen Handel, soweit von diesem die Rede sein konnte, herrschten die Waren hohen Wertes und geringen Volumens vor, die die grossen Kosten des meist langwierigen mühseligen Transportes zu tragen vermochten. Diese hochwertigen Güter erscheinen auf dem Markte, ihrer materiellen Natur, intensiven Wertigkeit und meist geringen Ausdehnung entsprechend, in Kolliform, in Ballen, Fässern, Kisten, Packeten. Nach dieser Verpackungsart bildete sich die Technik des Handels- und Transportgewerbes aus; sie ist in den Beförderungsmitteln, in den Hebevorrichtungen, in den Laderäumen berechnet auf ein dauernd und allseitig fest abgegrenztes Gut. Als nun der Handel mit Massengütern, insbesondere Getreide, allmählich . . . . sich entwickelte, um in unserer Zeit, beinahe plötzlich und unerwartet, in die fast vorderste Reihe des Weltgrosshandels zu treten, da reihte sich dieser neu erblühende Handelszweig in Europa ganz selbstverständlich und unbewusst und wirtschaftlich völlig korrekt als ein Glied in die bestehende Handels- und Transportorganisation ein. Zu diesem Zwecke musste das an und für sich fester Formen entbehrende Getreide der Kolliform angepasst werden und das geschah, indem man das Getreide in Säcke füllte, wie man zu diesem Zwecke Flüssigkeiten, insbesondere Petroleum, in Fässer goss. Dieser äusserlich technischen Absonderung des Getreides entspricht auch eine ideelle juristische. . . . . . Abgesehen von einzelnen modernen Börseneinrichtungen haben daher die Rechtsgeschäfte, insbesondere Kauf, Verpfändung, Depositum, im europäischen Getreidehandel dieselben Rechtsformen wie hochwertige Kolliwaren; sie sind berechnet auf eine juristische Spezies und entbehren — mit nur unwesentlichen Ausnahmen — jeder dem Getreidehandel besonderen Eigenart.«

Ganz anders waren die Entstehungsbedingungen für den Getreidehandel in Amerika. Dieser bildete dort, als Amerika in den Kreis des Weltmarktes als selbständiger Exportfaktor eintrat, von vornherein den Schwerpunkt und das wichtigste Glied des Ausfuhrhandels. Nichts natürlicher, als dass infolgedessen die kommerzielle und verkehrstechnische Struktur sich durchaus dem eigentümlichen Wesen des Getreides als Handelsware anpasste, um die Ausfuhrbedingungen möglichst günstig zu gestalten. Diese wesentliche Eigentümlichkeit des Getreides, die es mit einigen anderen Massengütern, wie Kohlen z. B., teilt, besteht in seiner sogen. Trockenflüssigkeit, d. h. es hat, obwohl seiner Materie nach hart und trocken, als Grosshandelsgut die Eigenschaft mit den flüssigen Waren — Spiritus, Petroleum etc. — gemeinsam, dass es ohne Substanzveränderung oder Wertverringerung beliebig geteilt oder zusammengeschüttet werden, dass es jede Körperform annehmen, dass es ohne Verpackung durch eigene Schwerkraft fortgleitend dislociert werden kann. Diese Eigenschaft galt es in Amerika technisch und kommerziell nutzbar zu machen, und man erreichte dieses Ziel, indem man das Getreide unter Beobachtung der erforderlichen Vorsichtsmassregeln völlig nach Analogie der Handelsflüssigkeiten, speziell des Petroleums behandelte.

Die Vorteile, welche dieselben vor den harten Gütern voraus hatten, und welche man demgemäss mutatis mutandis auf das Getreide übertrug, waren, wie schon angedeutet, doppelter Art: technische und juristische. Die Flüssigkeit des Petroleums, die Trockenflüssigkeit des Getreides gestattete nämlich an Stelle des umständlichen, teuren und arbeitsverschwenderischen Systems der Kolliverpackung das Prinzip der »losen Schüttung« zu setzen, welches nicht nur durch Vereinfachung, sondern auch durch eine unendlich grössere Raumausbeutung den verkehrstechnischen Verbrauch an Arbeit, Zeit und Geld auf ein äusserst geringes Mass herabsetzte. Das System der losen Schüttung tritt — notwendigerweise, da es sonst kaum lukrativ wäre, — gleichzeitig auf den beiden Gebieten der Verkehrstechnik: Transport und Lagerung auf und wird innerhalb kurzer Zeit aufs rationellste ausgestaltet. Wie der Transport in einer Art von rollenden und schwimmenden Eisenkesseln und die Lagerung in riesigen sogen. Tanks die ehemalige Versendung und Aufstapelung des Petroleums in Fässern verdrängte, so trat auch auf dem Gebiete des Getreideverkehrs an Stelle der kollimässigen Verpackung und Versendung gleich und zusammen mit anderen Gütern die lose unverpackte Versendung in dem Riesenraum des modernen Hochseedampfers, in den von keiner Scheidewand durchschnittenen, mit keiner anderen Ware bepackten Hohlwaggons der Güterzüge, trat an Stelle des etagenförmig abgegrenzten Bodenspeichers mit seinen kreuzweis übereinander gelagerten Getreidesäcken zunächst die Umgestaltung desselben zu Schüttböden, dann der moderne Typus des Getreidelagerhauses: Der Silospeicher mit Elevatoren.

Das Lagerhaus wird hierbei nicht mehr durch horizontale Böden in flache Etagen geteilt, sondern nur durch vertikale Seitenwände in eine grosse Anzahl schmaler Schächte, in welche das Getreide unmittelbar geschüttet wird, um sie mit denkbar vollkommenster Raumausnützung bis zum Rande anzufüllen. Als Grundrissform dieser Schächte benutzt man mit ziemlich gleichem Wert Quadrat, Sechseck und Kreis. Letztere Form hat den Vorzug grösserer Stabilität, weil krumme Flächen widerstandsfähiger als gerade gegen Druck sind, aber den Nachteil geringerer Raumausnutzung, weil die Wände eines Schachtes stets nur strichweise mit denen der benachbarten identisch sind. Der Aufwand an Material und Arbeit ist ziemlich der gleiche, da der relativ mehr Wandfläche brauchende Kreis bei gleichem Inhalt geringeren Umfang hat. Das Sechseck hat vor dem Quadrat dabei insofern einen Vorzug, als seine, bei gleicher Kapazität schmaleren Wände weniger stark zu sein brauchen. Als Baumaterial benutzt man, ebenfalls mit ziemlich gleichem Schlusserfolge, Mauerwerk, Holz[1]) und Eisen. Das Holz ist insofern das geeignetste Material, als es die Vorteile der Hydroskopie und geringen Wärmeleitung verbindet mit grosser Billigkeit[2]). Dagegen ist ein bedenklicher Nachteil seine grosse Feuergefährlichkeit. Eisen hat gerade die entgegengesetzten Eigenschaften nebst grösserer Stabilität. Mauerwerk übertrifft es noch an Feuersicherheit und Stabilität, steht ihm gleich an mangelnder Hydroskopie und Teuerkeit, ist aber hinsichtlich Platzgebrauch und Wärmeleitung nur mässig günstig. Für den Grundriss des ganzen Gebäudes kommt nur Quadrat und Rechteck in Frage. Ersteres ist theoretisch natürlich rationeller, praktisch wird meist das letztere vorzuziehen sein mit Rücksicht auf gleichzeitige Entladung einer möglichst grossen Zahl der seitwärts anlegenden Schiffe und Bahnwaggons.

Die Silos sind nämlich in der Regel so angelegt, dass sie mit der einen Längsseite hart am Wasser stehen, während die

---

1) Für kreisförmige Schächte ist natürlich Holz nicht verwendbar, sondern Eisenblech das gegebene Material.

2) Zumal infolge seiner Leichtigkeit auch Fundament und Unterbau wohlfeil werden.

andere — oder teilweise auch der hallenartig ausgebaute Unterstock des Gebäudes — einen Teil des Güterbahnhofs bildet, so dass die Einlagerung und Entlagerung möglichst direkt und bequem geschehen kann. Zum Zweck der Entnahme von Getreide sind die Schachtböden nach unten zu kegel- oder pyramidenförmig gestaltet, sodass blosse Oeffnung der Absperrvorrichtung genügt, um das Getreide abfliessen zu lassen. Soweit es sich nicht direkt in unten stehende Waggons ergiesst, wird es durch ein System von Transportbändern auf das Unterende eines Paternosterwerks [1]) gebracht, welches es in die nötige Höhe befördert, um es dann, nachdem es die dort befindlichen automatischen Wagen passiert hat, durch lange Rohre oder Schläuche direkt in die Transportmittel gleiten zu lassen.

Aehnlich geschieht die Einlagerung. Auf der Wasserseite befindet sich ein Elevator, dessen am Hause befestigter Kopf nach allen Richtungen hin beweglich ist. Dieser Elevator bildet ein rohrartiges Gehäuse und enthält ebenfalls ein Paternosterwerk, welches direkt in den Getreideraum des Schiffes hineingesenkt wird und nun, mit elektrischer oder Dampfkraft[2]) getrieben, in erstaunlicher Schnelligkeit[3]) das Korn in den Speicher befördert, wo es, nachdem es die schon genannten Wagevorrichtungen durchlaufen hat und meistens auch noch eine Reinigungsmaschine passiert hat, in die einzelnen Schächte läuft. Zuweilen arbeiten zwei bis drei solcher Elevatoren gleichzeitig. Ausser ihnen sind meist auch noch mit Dampf betriebene fahrbare Drehkranen angebracht. Die Entladung von Eisenbahnwagen kann natürlich nicht durch solche Elevatoren geschehen, so lange man es wenigstens mit den heutigen vielen kleinen Einzelwaggons zu thun hat. Sie erfolgt auf der Landseite deshalb mittelst Winden oder auch mittelst Krahnen. Das weitere Einlagern dagegen geschieht selbstverständlich auf gleichem Wege. In Mannheim speziell, wo Getreide en gros per Achse gar nicht empfangen, sondern nur versandt wird, ist mit den je 1 Doppelzentner abwiegenden Wagevorrichtungen eine automatische Sackung der fr. Quanta verbunden.

---

1) d. h. eines Gurtes ohne Ende, oben und unten über Scheiben geleitet und mit offenen Bechern besetzt, analog den bekannten Baggermaschinerien.

2) Mit grossem Erfolge wendet man neuerdings auch hydraulische Betriebskraft an.

3) Jeder Elevator des ältesten Gebäudes der Mannheimer Lagerhausgesellschaft löscht pro Stunde 40 t., die in der gleichen Zeit fertig gelagert, gewogen und gereinigt werden.

Die gleichen maschinellen Vorrichtungen dienen endlich auch zur Konservierung des Getreides. Auch wo man prinzipiell, wie mehrfach in neuester Zeit, wieder die ältere Methode hermetischen Luftabschlusses in den Silos anwendet, wird, sobald das Korn nicht absolut trocken ist oder nicht genügend kühl lagert, zeitweilige Berührung mit frischer Luft nötig, damit die Gefahr der Erhitzung vermieden wird und die Feuchtigkeit verdunstet. Bei entgegengesetztem Prinzip wird das Getreide entweder periodisch »umgestochen«, d. h. in neue Schächte geführt, oder ist wohl gar in dauernder Bewegung. Eine andere Methode der stetigen Lüftung besteht im Durchpressen ventilierender Luft durch die Schächte; sie ist theoretisch einfacher und vorteilhafter, missglückt aber leicht dadurch, dass sich im Getreide durch den Druck einzelne Längskanäle bilden, welche die Luft hindurchlassen und die Absicht gleichmässiger Ausdünstung aller Körner unwirksam machen[1]). Auch hat die erstere Art den Vorzug, durch das Frottieren der einzelnen Körner aneinander Staub, Schmutz, sowie jede Spur von Ungeziefer zu entfernen, scheint also im Ganzen rationeller zu sein.

III. Der Typenhandel.

1) **Bildung bestimmter Qualitätstypen.**

Die Durchführung der losen Schüttung in den Einrichtungen der Verkehrstechnik musste nun mit logischer Notwendigkeit einen entsprechenden Rückschlag auf die kommerzielle Technik ausüben; aus folgenden Gründen. Wenn eine umfassende Ausbildung und der ganzen Verkehrsorganisation zu Grunde gelegte Ausdehnung des Silosystems und Seetransports in loser Schüttung nicht an offenbarer Unrentabilität scheitern soll, so ist eine von zwei Voraussetzungen unbedingt nötig. Entweder muss jeder Einlagerer im Durchschnitt so grosse Quantitäten eines gleichartigen Getreidevorrats einlagern, dass er je einen Siloschacht oder ein Getreideschiff voll anfüllt[2]). Dann findet die erforderliche Raumausnutzung an sich statt und eine Aenderung der kommerziellen Technik ist

---

1) In Mannheim, wo diese Methode fast allgemein ist, begegnet man diesem Uebelstand angeblich mit Erfolg dadurch, dass man den Eintritt der Luft durch die Spitze der Abzugsvorrichtung leitet.

2) Die grössten Schiffe der Mannheimer Gesellschaft fassen à 1700 t, die grössten Siloschächte à 180 t.

an sich nicht nötig. Dies ist natürlich aber eine nur unter ganz besonderen Verhältnissen mögliche, resp. dann notwendige Erscheinung. Sie postuliert erstens einen mit kolossalen Summen rechnenden konzentrierten Grossbetrieb im Getreidehandel, wie er sich naturgemäss nur an einer kleinen Anzahl bedeutender Hafenplätze findet; zweitens wird sie gewöhnlich nur im Anschluss an den Importhandel entstehen, im nordwestlichen Europa wenigstens. Denn die hier herrschende Zersplitterung des Grundbesitzes hat im Verein mit der regellosen Art der Getreideproduktion daselbst den Nachteil, dass in der Regel so grosse und qualitativ einheitliche Posten inländischer Provenienz gar nicht in den Handel kommen. Wir finden deshalb eine derartige primitive Benutzung der erwähnten Verkehrstechnik in einer Reihe von Importhäfen und Stapelplätzen des Kontinents, zu denen auch Mannheim gehört.

Wo diese Voraussetzungen aber nicht vorhanden sind, muss zu einem andern Ausweg gegriffen werden; und dieser besteht darin, dass man Getreide von gleicher Art und Güte zusammenschüttet ohne Rücksicht darauf, wie vielen Besitzern es gehört, und dem Einzelnen darunter nun nicht mehr »sein« eingelagertes Getreide unter Wahrung der Identität verabfolgt, sondern nur ein entsprechendes Quantum von gleicher Art und Qualität. Das bedeutet: dem technischen Prinzip der losen Schüttung in Lagerung und Transport entspricht das juristische Prinzip der Fungibilität im Handel. Als »fungibel« bezeichnet die Jurisprudenz bekanntlich solche Güter, »quae pondere, numero, mensura constant«, d. h. welche nicht als Einzelwaren von bestimmter individueller Beschaffenheit gehandelt werden, sondern nur als Gattungswaren nach Mass, Zahl und Gewicht. Die Thatsache einer derartigen Behandlung des Getreides in der Lagerhaustechnik liess natürlich eine ganze Reihe handelsrechtlicher Fragen entstehen, deren gesetzliche und einheitliche Beantwortung von grosser Bedeutung war. Hierhin gehört zunächst die Frage, ob der Einlagerer sich einer derartigen Usance unterwerfen muss, auch gegen seinen Willen, auch ohne sein Wissen, ob er es sich verbitten, resp. Schadensersatz verlangen kann. Wichtig war ferner das Problem, in wessen Eigentum das vermischte Getreide verschiedener Einlagerer stand. Nach Zivilrecht hätte es sich hier um ein depositum irregulare gehandelt, für welches künftig gemäss § 700 B.G.B. »die Vorschriften über Darlehen Anwendung«

finden sollen. Das Eigentum wäre somit auf den Lagerhalter übergegangen, gegen welchen die Einlagerer nur ein Forderungsrecht auf Rückerstattung eines Vorrats »von gleicher Art, Güte und Menge«. Im Falle eines Konkurses beispielsweise hätten dieselben kein Aussonderungsrecht gehabt, sondern wären nur unbevorrechtigte Massegläubiger gewesen. — Es würde demgemäss dem Abschnitt des Handelsgesetzbuchs über das Lagergeschäft ein Paragraph [1]) eingefügt, welcher speziell die Lagerung nach dem Fungibilitätsprinzip regelt. Nach diesem ist der Lagerhalter [2]) dabei an die ausdrückliche Erlaubnis des Einlagerers gebunden, womit die erste Kategorie von Streitfragen erledigt ist. Hinsichtlich des zweiten Punktes führte man den neuen juristischen Begriff des Vermengungsdepositums [3]) in die Wissenschaft ein, wonach der fungibele Vorrat im Gesamteigentum der forderungsberechtigten Einlagerer steht, jedoch derart, dass der Lagerhalter jedem Einzelnen das ihm gebührende Quantum eigenmächtig ausliefern darf. Daneben bleibt Hinterlegung im Sinne des § 700 B.G.B. [4]) gestattet, fällt aber dann unter die Normen des bürgerlichen Rechts.

Es ist nun einleuchtend, dass eine strikte Durchführung des Fungibilitätsprinzips nicht ohne weiteres möglich war; vielmehr musste man der thatsächlich nicht vorhandenen Identität aller Warenposten bis zu einem gewissen Grade Rechnung tragen. Die nun einmal vorhandenen Differenzen der Qualität und Nuancen auch innerhalb derselben Getreideart waren eben doch zu beträchtlich, und konnten nicht ohne Schädigung eines der Kontrahenten als »Weizen« oder »Roggen« schlechthin behandelt werden. Deshalb führte die kommerzielle Notwendigkeit, Getreide als fungibele Ware zu behandeln, weiter zur Aufstellung bestimmter Standard-Typen für den Handel. Das Verfahren ist dabei wieder verschieden in Amerika und Europa, aus erklärlichen Gründen.

In Amerika hat man es lediglich mit wenigen Getreidearten — hauptsächlich Weizen — von wesentlich gleichartiger Provenienz zu thun. In Terrain-, Boden- und Klima-Verhältnissen herrscht eine ausserordentliche Gleichförmigkeit in dem ganzen der Getreideproduktion gewidmeten nordamerikanischen Flachlande. Ebenfalls gleichförmig sind die Besitz- und Betriebsverhältnisse. Ein mässiger Grossbetrieb von allgemein ziemlich

---

1) § 419.　　2) ib. al. 1.　　3) al. 2.　　4) al. 3.

gleicher Arealgrösse, und eine weit fortgeschrittene, fast allgemein gleichartige landwirtschaftliche Technik garantieren Einheitlichkeit der Produktion. Endlich und namentlich ist in Amerika so zu sagen der Getreidehandel der Getreideproduktion vorausgegangen und hat überall auf deren Gestaltung einen zuweilen terroristischen Einfluss ausgeübt, seine Export- und Weltmarktbedürfnisse waren für den Getreideproduzenten massgebend und zwangen ihn, seine Thätigkeit der Technik des Handels anzupassen. Dieser Umstand ist — z. B. hinsichtlich einheitlicher Wahl des Saatkorns, Beschränkung auf den Bau viel gefragter Qualitäten u. dgl. — für die Gleichförmigkeit des amerikanischen Getreides von grosser Bedeutung gewesen. Auf dieser Basis gelangte man denn in Amerika zu einem einfachen und sinnreichen Gradationsschema: Man teilte das Getreide zunächst in seine natürlichen Unterarten ein, deren Unterschiede offensichtlich und unverkennbar sind, also in Sommer- und Winterkorn, in »rotes« und »weisses«, und unterscheidet nun bei jeder Art drei Qualitätsgrade[1]), die man mit einfachen Ziffern bezeichnet. Man handelt also beispielsweise red winter wheat Nr. 2 oder white spring wheat Nr. 3.

In Europa mit seinen total anderen Produktionsbedingungen und seinem aus der naturalwirtschaftlichen Vergangenheit überkommenen Individualismus des Anbaus war einleuchtender Weise eine Nachahmung dieser Methode nicht angängig. Sie wäre auch aus anderen Gründen schon nicht zweckmässig gewesen, denn die verschiedenen europäischen Getreidesorten bedürfen vielfach geradezu der Mischung, um konsumtionsfähig zu werden, oder erhalten dadurch wenigstens einen viel höheren Mahlwert. So ist z. B. der ostelbische Weizen arm an Kleber-, dagegen reich an Stärke-Gehalt; der russische dagegen zeigt gerade die entgegengesetzten Eigenschaften, so dass diese beiden Sorten fast nur in einem bestimmten Verhältnis zu einander gemischt in die Verarbeitung kommen. Dazu kommt, dass Europa ausserdem noch das Absatzfeld für alle möglichen überseeischen Getreidearten ist. Kurz eine Gradierung wäre hier an unendlichen Schwierigkeiten notwendig gescheitert, gerade so, wie vorläufig eine Uebertragung des amerikanischen Silowesens auf Stapelplätze inländischen Getreides daran eine Schranke zu finden scheint.

---

1) Bez Feststellung derselben huldigt man z, Z. noch zwei verschiedenen Methoden, je nachdem man sie ein für allemal gelten lässt (Stabilitätsprinzip, NewYork), oder nach dem jeweiligen Ausfall der Ernte bemisst (Revisionsprinzip, Chikago).

Den Interessen der einheimischen Produzenten insbesondere widerstrebte der Gedanke, den Handel und damit auch die Preisnotierung der deutschen Märkte auf ein Typenschema zu basieren, schon deshalb, weil dadurch die z w i s c h e n oder a u s s e r h a l b der zu Grunde zu legenden, wie immer beschaffenen, Typenmerkmale stehenden Qualitäten in ihrer Marktfähigkeit relativ benachteiligt würden, auch, so lange der Anbau sich nicht vollständig auf ganz bestimmte leicht klassifizierbare Sorten beschränkt, der Produzent dem Berufshändler in der Fähigkeit richtiger Klassifikation seines Produktes regelmässig nicht gewachsen sein würde. Allerdings steht zu vermuten, dass ein weiteres Umsichgreifen der nun einmal auf die Dauer nicht zu umgehenden Welthandelsformen, namentlich auch des Silosystems, auch den deutschen Getreidebau immer mehr zwingen werden, sich den Erfordernissen jener anzupassen, soweit es die örtlichen Produktionsbedingungen ermöglichen, und thatsächlich ist ein Prozess allmählicher Verringerung der angebauten Sorten und einer Ausgleichung der regionalen und individuellen Differenzen ganz unverkennbar im Fortschreiten begriffen [1]).

2) D a s T e r m i n g e s c h ä f t.

Indessen solange die erörterten Verhältnisse des in Deutschland zu Markt kommenden Getreides den Voraussetzungen, auf welchen die amerikanische Getreidegraduierung beruht, widersprechen, tritt für Deutschland nicht nur die Bedeutung des Lagerhauswesens für den Handel gegenüber Amerika beträchtlich zurück und finden wir demgemäss dasselbe in Mannheim, wie erwähnt, zwar technisch hoch entwickelt, in seiner kommerziellen Tragweite aber hinter den amerikanischen Silos dennoch vorerst weit zurückstehend, — sondern es besteht, damit zusammenhängend, noch ein weiterer höchst einschneidender Gegensatz in der Art der Handelsorganisation: d i e B e z i e h u n g z w i s c h e n E f f e k t i v h a n d e l u n d G e t r e i d e s p e k u l a t i o n s i n d i n A m e r i k a v ö l l i g a n d e r s g e s t a l t e t, a l s d i e s i n D e u t s c h l a n d d e r F a l l w a r, bevor die Börsengesetzgebung auf dem Gebiet des spekulativen Handels ein zunächst noch nicht entwirrtes Chaos geschaffen hat.

---

[1]) S. über diese Fragen die Verhandlungen des provisorischen Börsenausschusses 1857, der sich mit einem vom Landwirtschaftsrat ausgehenden Vorschlage, das Lieferungsgeschäft auf Typen zu basieren, zu befassen hatte. Das preussische Landwirtschaftsministerium verhielt sich aus obigen Erwägungen zur Zeit ablehnend.

Es ist in dieser Arbeit nicht der Ort, die allgemeine ökonomische Bedeutung des spekulativen Getreidehandels und die Geschäftsform, deren er sich vorzugsweise — nicht ausschliesslich — bedient: des T e r m i n g e s c h ä f t e s, zu erörtern, schon deshalb nicht, weil, wie bald zu konstatieren sein wird, bisher der spekulative Getreideverkehr überhaupt und der Getreideterminhandel insbesondere für Mannheim stets eine r e l a t i v g e r i n g e und überdies schon vor dem Börsengesetz eine bis zum fast völligen Verschwinden a b n e h m e n d e Bedeutung gehabt hat.

Als bekannt darf vielmehr die allgemeine technische Funktion des Terminhandels vorausgesetzt werden. Sie besteht wesentlich darin, dass — durch die Bildung eines M a r k t e s in Lieferungsabschlüssen auf t y p i s c h e (Usance) Termine, über t y p i s c h e Quanta und zu t y p i s c h e n Kontraktsbedingungen — die primitive Form der Getreidespekulation, das Aufkaufen und Einlagern in Erwartung steigender Preise, [eine Form, die nur à la hausse zu spekulieren gestattet und wegen der ungeheuren festzulegenden Kapitalbeträge die Spekulation zum Monopol der Stärksten macht], durch die moderne Form der Eskomptierung zukünftiger Preischancen verdrängt wird: bei welcher die Spekulanten in der Gegenwart nicht Ware und Geld l e i s t e n, sondern nur Lieferung und Zahlung für einen Zukunftszeitpunkt v e r s p r e c h e n und dadurch Musse gewinnen, bis zum Herankommen des Termins die übernommenen Verbindlichkeiten auf dem Markt durch Abschluss eines Gegengeschäftes zu realisieren. Die Teilnahme an der Spekulation wird dadurch auch kapitalschwachen Händen möglich; der Spekulant braucht nicht mehr grossen Kapitalbesitz, sondern nur einen Kredit in Höhe des Preisschwankungs-Risikos, da das Vorhandensein des T e r m i n m a r k t e s die Möglichkeit jederzeitiger Abwälzung des Engagements auf andere Schultern und dadurch die Beschränkung der eigenen Leistungspflicht im Verlustfall auf die Höhe der Differenz zwischen den Preisen des eingegangenen Engagements und des Realisierungsgeschäftes gestattet.

Angeschlossen hat sich die Herausbildung der typischen Formen des Termingeschäftes bei uns an den Verkauf schwimmender und rollender Ware, durch welche der Importeur das Risiko des Verlustes bei Preis s t u r z bis zum Eintreffen der Ware von sich abwälzt, sein Abnehmer — die zweite Hand — sich für seine Einkäufe den gegenwärtigen Preisstand für die Zukunft gegen die Gefahr der Preis s t e i g e r u n g sichert. Diese Versicherungs-Funktion schon des einfachen aus den Bedürfnissen des Getreideverkehrs auf weite Entfernung und über See hin hervorgewachsenen Lieferungsgeschäftes hat das moderne Termingeschäft von diesem übernommen und nur durch die Einfachheit seiner Formen die Möglichkeit geschaffen, dass auch die »reinen« Spekulanten, d. h. Personen, welche mit der effektiven Marktversorgung gar keine weiteren Beziehungen haben, sich seiner für den Zweck des blossen Differenzspiels bedienten.

Der Terminhandel bedurfte, um seine »marktbildende« Funktion versehen zu können, vor allem der gleichmässigen Bestimmung der Qualitätsmerkmale des Objektes, auf welches er sich bezog. Diese »Lieferungsqualität« konnte naturgemäss nur ein ohnehin in hinlänglichen Massen im Getreideverkehr vorhandener Getreidetypus darstellen. Unter den nordamerikanischen Verhältnissen boten sich dafür zwanglos die auch den Effektivverkehr beherrschenden Handelstypen, die das Gradierungssystem schuf, dar: der Terminhandel schloss sich ohne weiteres an die Qualitäten des Effektivgeschäfts an; die Lagerscheine der grossen Lagerhäuser wurden als »legal tender« für die Terminabschlüsse angenommen.

Anders musste aus den oben hervorgehobenen Gründen die Eingliederung des Terminverkehrs in den Getreidehandel sich in Europa, speziell in Deutschland, vollziehen. Gegenüber dem Chaos einheimischer und importierter Sorten, die hier den Getreidemarkt füllten, und bei der oben erörterten Unmöglichkeit einer gleichmässigen Gradierung musste hier für die Zwecke der Spekulation zunächst eine besondere, von allen individuellen Merkmalen absehende Feststellung der Voraussetzungen der Lieferbarkeit erfolgen. Als brauchbares Merkmal der Lieferungsqualität wurde deshalb in Deutschland überall da, wo der Terminhandel sich einbürgerte, — so auch in Mannheim —, das spezifische Gewicht zu Grunde gelegt, d. h. es wurde angeordnet, dass das Mindestgewicht des Hektoliters[1]) sein sollte:

bei Weizen . . . . 75 kg
bei Roggen . . . . 70 kg
bei Hafer . . . . 43 kg.

Es war dies das ermittelte Durchschnittsgewicht. Ursprünglich bedeutete diese Bestimmung übrigens meist kein Minimal-, sondern

---

1) Die Ermittlung desselben erfolgt durch den Normal-Messapparat der Börse. In Berlin hat man die Gewichtsgrenzen pro l festgesetzt auf 755, 712 und 450 g.

ein Normalgewicht, das innerhalb einer gewissen Grenze Abweichungen zuliess; nur mussten diese von der betr. Seite vergütet werden. (So bis vor wenig Jahren in Berlin und heute noch z. B. in Antwerpen.) Allmählich wurde, namentlich in Ansehung der zahlreichen Beanstandungen und Expertisen, dasselbe zur unteren Gewichtsgrenze ohne Gewährung eines Passiergewichtes. Es hat diese Modalität der Qualitätsbestimmung ihre unverkennbaren Nachteile. Die natürliche Folge, die übrigens auch das Gradationsschema nicht völlig ausschliesst, ist, dass man übergewichtiges Getreide so lange mit unterwertigem mischt, bis das Einheitsgewicht erreicht ist. Denn selbstverständlich leistet im Allgemeinen niemand mehr, als er muss, und das rechtliche Minimum wird faktisches Maximum. Es liesse sich gegen derartige Manipulationen, die ja schliesslich dazu führen, die störenden Qualitätsdifferenzen auszugleichen, an sich nichts einwenden, wenn die relative Schwere des Getreides zugleich ausschlaggebendes Kriterium seines Konsumwertes wäre. Das ist nun aber keineswegs der Fall, vielmehr leidet unter Umständen die Mahl- und Backfähigkeit stark durch solche Mischungen. Man hat sich deshalb genötigt gesehen, noch eine ganze Reihe anderer Erfordernisse für Lieferungsqualität festzusetzen. Man verlangte zunächst gute, gesunde, trockene Ware, bestimmte dann einen gewissen Prozentsatz, bis zu welchem höchstens sich fremde Bestandteile und einen weiteren, bis zu welchem sich ausgewachsene Körner im Getreide befinden dürften; endlich schloss man eine Anzahl Provenienzen von notorisch geringerer Durchschnittsqualität überhaupt aus.

Durch diese Art der Fixierung der Lieferungsqualität war dieselbe nun aber zu einem in hohem Masse »abstrakten«, von der Beziehung zu bestimmten, der inländischen Produktion entstammenden oder dem inländischen Konsum dienenden Getreidequalitäten losgelösten Begriff geworden. Die Merkmale, welche sie konstituierten, genügten nicht einmal, der so bestimmten Ware die Mahl- und Backfähigkeit zu sichern, die Praxis gestaltete sich noch laxer, so dass die Klagen über die ausserordentliche Minderwertigkeit der Ware, die man von den grossen Börsenplätzen — z. B. Berlin — aus als »lieferbar« angedient erhielt, auch in den Kreisen des Mannheimer effektiven Getreidehandels noch heute in lebendiger Erinnerung sind. Es trug dies viel dazu bei, den Terminverkehr in hohem Masse von der Beziehung zu den Effektivmärkten und der auf ihnen umgesetzten Waren zu isolieren. Zumal an Plätzen, wo der Effektivverkehr in wenigen grossen Häusern sich konzentrierte, die gegen Preisrisiken in ihren gewaltigen Kapitalien und der Fülle laufender effektiver Geschäfte eine hinlängliche Deckung fanden und daher die Eingehung von »Versicherungs«-Termingeschäften verschmähen konnten, musste die Bedeutung des Termingeschäftes sekundär bleiben. Und endlich lag es in der Natur des wesentlich spekulativen, in die Arbitrage mit den auswärtigen Plätzen verflochtenen Getreidegeschäftes, dass es je länger je mehr nach den grossen internationalen Börsenplätzen, in Deutschland nach Berlin, sich konzentrieren musste. Die grosse Kapitalmacht, das breite Spekulantenpublikum und die Vorteile der örtlichen Verbindung mit einem grossen Wechsel- und Valutenmarkt, machten es diesem Platz leicht, allmählich fast den ganzen Getreideterminverkehr Deutschlands an sich zu ziehen und diese Konzentration in den Händen eines Konkurrenzplatzes trug ihrerseits wieder nicht wenig dazu bei, die Terminform in den Augen der übrigen Plätze, zumal der westlichen grossen Effektivmärkte, zu diskreditieren.

In Mannheim speziell war die Entwicklung des Terminhandels, wie überhaupt eines eigentlichen Börsenverkehrs in Getreide, eine sehr langsame und zögernde gewesen. Es lag dies hauptsächlich, wie schon weiter oben erwähnt wurde, daran, dass die zunehmende Arbeitsteilung zwischen den Grosshandelsplätzen Mannheim infolge seiner geographischen Lage vorwiegend zum Magazin und Stapelplatz für den materiellen Warenverkehr macht, so dass es — wenn der Vergleich erlaubt ist — den Plätzen des Hinterlandes gegenüber etwa die Rolle des Grossisten einnimmt, der für den ihm bekannten Bedarf seines bestimmten Kundenkreises die erforderlichen Quantitäten und Qualitäten fest bezieht und weiter verteilt, nicht aber den des Spekulanten, der lediglich nach der Konjunktur kauft, um mit Gewinn zu verkaufen, und blanko verkauft, um mit Gewinn zu kaufen, ohne sich um Verbleib und Konsumzweck der Ware zu kümmern. Jenes Funktion ist die Versorgung, dieses die Preisnivellierung.

Aus dieser Stellung Mannheims in der Organisation des Handels ergiebt sich denn auch, dass die Geschäftsabschlüsse trotz der formell auch für den Getreidehandel vorhandenen, ja von seinen Bedürfnissen zuerst ins Dasein gerufenen Börse bis vor wenigen Jahren fast gar nicht und auch bis heute noch nur in geringem Umfang börsenmässige waren. Die bei weitem überwiegende Anzahl vollzieht sich im direkten Verkehr zwischen dem Importeur und der zweiten Hand, teils mündlich im Kontor oder auf dem Fruchtmarkt, teils schriftlich. Weil für dieses eigentliche Börseneinrichtungen überflüssig sind, so waren auch bisher alle Versuche, wenigstens den »Fruchtmarkt« von der Strasse in das Börsenlokal zu locken, stets mehr oder weniger an der Macht der Gewohnheit gescheitert. Je mehr das Kapital sich konzentrierte, desto erfolgloser wurden sie; denn während ehedem bei einer grossen Anzahl kleiner Händler und Konsumenten ein regelmässiger Treffpunkt und eine Art Vermittlung zwischen Angebot und Nachfrage immerhin notwendig war, erübrigte sich dies fast völlig bei dem heutigen Stande der Dinge, wo ca. 30 grosse Importfirmen etwa der gleichen Zahl grosser Handelsmühlen und einigen wenigen grossen Mälzereien gegenüberstehen, die in beständiger Geschäftsverbindung miteinander sind. Das ist auch — für Mannheim wenigstens — die wesentliche Ursache, dass das Maklertum hier schon längst ausgestorben ist und auch Zwischenhändler mit der ökonomischen Funktion des Maklers nicht existieren. So war auch lange Zeit der Hauptgrund, der ins Börsenlokal trieb, »dass es dort zum Zeitunglesen und Nachrichten einziehen im Sommer kühler und im Winter wärmer war, als auf der Strasse«. — Zwar ist die Einführung des Getreideterminhandels in Mannheim gerade auf die schnell und stark aufblühende Grossmüllerei zurückzuführen; die Veranlassung war aber nicht das Bedürnis nach einer andern Organisation der Geschäftsverbindung mit dem Importhaus, sondern entsprang dem Bedürfnis, sich »zu decken«, d. h. der Notwendigkeit sich den Bezug von Weizen zu sichern, der — zur Ergänzung der ebenfalls allmonatlichen Engros-Verkäufe von Mehl — allmonatlich erfolgen musste, während die dafür bestimmten Vorräte oft 2—4 Monate unterwegs blieben und ihre Ankunft sich eventuell verzögern konnte [1]). Da man nun sich nicht von der Frankfurter Börse und ihren Preisen dabei abhängig machen wollte, so entschloss man sich im Jahre 1888, an der Mannheimer Börse selbst Terminhandel in Getreide einzuführen. Grossen Aufschwung nahm derselbe jedoch nicht. Der eigentliche Getreidehandel brauchte ihn eben hier kaum, die grossen Firmen hatten genügende Deckung in sich selbst [2]).

---

[1]) Vgl. auch B. E. p. 3018 f.
[2]) Man kann deshalb von Mannheimer grossen Getreidehändlern ganz ebenso

Demgemäss hat auch das Verbot des Getreideterminhandels durch das Börsengesetz vom Juni 1894 hier wenig Aenderung im Geschäftsleben und wenig Aufregung in der Geschäftswelt hervorgerufen. Das Arbitragegeschäft, das sonst den Terminhandel stets begleitet, hatte nur einen kaum erwähnenswerten Umfang erreicht, analog dem des Termingeschäfts, und die wenigen Häuser, welche letzteres notwendig hatten, decken sich nunmehr an holländisch-belgischen Börsen mit wesentlich gleichem Erfolg. Es kam dazu, dass die badische Regierung, die wohl weiss, was sie an Mannheim hat, den Wünschen und Bedürfnissen des dortigen Handels in den Ausführungsbestimmungen thunlichst weit entgegenkam. Sie verlangte nur, dass ein Müller und ein Landwirt, die jedoch Mitglieder der Börse sein mussten, mit in den Vorstand gewählt würden, d. h. die Herbeiführung eines Zustandes, der de facto schon seit 5 Jahren in Mannheim bestand. So kam es, dass der auch hier gestellte Antrag, aus Standes-Solidarität die Börse aufzulösen, nur eine Minorität fand. Man verstand sich lediglich dazu, die Getreide-Notierungen (für Effektivware) ebenfalls einzustellen, und auch diese wurden am 1. Mai wieder aufgenommen, nachdem die Regierung noch den einzig vorhandenen Stein des Anstosses weggeräumt, nämlich in § 31 der Börsenordnung über die Preisfestsetzung die Worte »unter Verantwortlichkeit des Börsenvorstandes« . . . »auf Grund der an der Börse gethätigten Abschlüsse« gestrichen hatte.

Für den Bestand des börsenmässigen Handels in Getreide ist in Mannheim nicht das Interesse der Händler als solcher, sondern das Interesse ihrer Kunden an regelmässigen Preisnotierungen massgebend. Die grossen Getreidefirmen, für deren Abschlüsse der New-Yorker Kurszettel eine massgebendere Rolle spielt, als irgend welche einheimischen Notierungen sie je haben können, vermöchten sehr wohl ohne Börse auszukommen und lediglich das Interesse an demjenigen Mass von Oeffentlichkeit der Verkehrshergänge, welches den geschichtlich erwachsenden Anschauungen des modernen Handels entspricht, veranlasst sie, sich der Teilnahme am Markt nicht zu entziehen.

Für u n s e r e weiteren Betrachtungen kann das spekulative

---

wie von agrarischer Seite die Meinung äussern hören, der Verkauf der Ware, »die man nicht besitze«, sei ein »unsolides« Geschäft, — ein Standpunkt, der bei einem Kapitalbesitz von mehreren, zuweilen ziemlich zahlreichen Millionen begreiflich genug ist.

Getreidegeschäft ebenso wie die Mannheimer Börse, deren Erweiterung durch den Bau eines grossen Börsenlokals soeben (1897 Herbst) thatkräftig in Angriff genommen ist, ausser Erörterung bleiben, und es mag genügen auf die in den Anlagen abgedruckten »Geschäftsgebräuche« der Mannheimer Börse zu verweisen, welche gegenüber den an anderen, z. B. der Berliner Börse geltenden bemerkenswerte Abweichungen kaum aufweisen. Welche Rolle der börsenmässige Handel in Getreide in Mannheim in Zukunft zu spielen berufen ist, lässt sich heute noch in keiner Weise ermessen, da die derzeitigen Verhältnisse nicht als definitive angesehen werden können.

Zweiter Teil.

Die Geschäftsabwicklung im heutigen Mannheimer Getreidehandel.

A. Der Einkauf.

I. Die beteiligten Kategorien von Kaufleuten.

Wir haben die Darstellung der Entwicklung des Getreidehandels in der Periode der Stadtwirtschaft im ersten Teil dieser Arbeit damit abgeschlossen, dass wir uns ein möglichst genaues Bild dieses Geschäftsganges auf dem Fruchtmarkt in den Formen des reglementierten Verkehrs zu rekonstruieren suchten. Als Gegenbild dazu soll in folgendem eine Skizze[1]) von dem Geschäftsgang entworfen werden, der für die heutige Gestaltung des Mannheimer Import-Grosshandels typisch ist.

Diejenigen Handelsfirmen, in deren Händen das Mannheimer Getreidegeschäft liegt, scheiden sich in zwei Kategorien, selb-

---

1) Zu einer erschöpfenden Behandlung würde insbesondere die erschöpfende Analyse der im internationalen Verkehr üblichen Kontrakt-Schemata und die Darstellung der Entwicklung derselben aus der Praxis des Londoner Verkehrs, dem sie entstammen, gehören. Das ist hier unmöglich und es ist schon aus Rücksicht auf den Raum, den eine Abhandlung im Rahmen einer Monographie-Sammlung nicht wohl überschreiten darf, auch auf den Abdruck der Formulare verzichtet worden, deshalb auch die Darstellung nur soweit ins Einzelne gehend, als das Verständnis ohne solchen Abdruck möglich ist. Sachlich rechtfertigt sich die Beschränkung durch die Begrenzung der Darstellung auf die Mannheimer Verhältnisse. Es wird nunmehr die Aufgabe zunächst sein müssen, in ähnlicher Art die Geschäftsformen der Getreide-Handelsplätze stark abweichenden Charakters — etwa Danzigs und Hamburgs — zu schildern.

Anm. des Herausgebers.

ständige Importhäuser und Agenturen der ausländischen Exporteure. Direkte Personalverbindung zwischen Import- und Export-Firma kommt zwar auch vor, pflegt aber nicht üblich zu sein, hauptsächlich weil die Zahl der Gegenkontrahenten für jede der beiden Firmen sich ohne das Zwischenglied der Agentur in lästiger und unübersichtlicher Weise vervielfachen würde, sodann weil der persönliche mündliche Verkehr mit dem Vertreter der auswärtigen Firma seine grossen kaufmännischen Vorzüge hat gegenüber einer ganz auf schriftliches Verfahren angewiesenen Geschäftsverbindung. Auch wird der Agent durch sein eigenstes Interesse angefeuert, die Beziehungen lebhafter zu gestalten, als es bei direktem schriftlichen Verkehr der Fall sein würde. Aus ähnlichen Gründen hat sich vielfach noch das Institut der sog. Zwischenagenten herausgebildet, d. h. Agenturgeschäfte, welche in den Ausfuhrhäfen des Auslandes ansässig sind und das von dort ausgehende Warenangebot den mannigfachen von dort her beziehenden Agenturen der Importplätze gegenüber zusammenfassen[1]).

Die vielseitigen Geschäftsverbindungen der Exporthäuser mit Agenten und umgekehrt zeigen das Bild zahlreicher sich schneidender Linien, die von den einzelnen Handelsplätzen strahlenförmig ausgehen, denn naturgemäss hat jede Exportfirma, soweit ihr dies nicht durch exportierende Zwischenagenten abgenommen ist, Verkaufsagenturen in allen für ihren Absatz in Frage kommenden Handelsstädten und umgekehrt jede Agentur auftraggebende Häuser in möglichst allen für den Bezug des fr. Importplatzes in Frage kommenden Ausfuhrhäfen des Auslandes, schon weil die Höhe der Provisions-Einnahmen und die Konkurrenzfähigkeit mit den anderen Platzagenturen dadurch gesteigert wird. Will eine Exportfirma Verbindungen mit einem Platz anknüpfen, an dem sie bisher nicht vertreten war, so wendet sie sich einfach an eine der dort ansässigen Agenturen, der dann die weitere Vermittlung mit den dor-

1) In Russland scheint gegenwärtig eine Bewegung zur Zentralisierung des Kommissionswesens im Gange zu sein. Wenigstens hat sich in Petersburg eine Getreideexportgesellschaft mit einem Umsatzkapital von 5 Millionen Rubel gebildet, die sich zur Hauptaufgabe macht, in den verschiedenen Getreide-Importplätzen Europas Agenturen zu errichten, die von ihr abhängig sind. Da die Gesellschaft andererseits direkte Beziehungen mit Sibirien unterhalten will, das nach den jüngsten Studien der Entwicklung gerade als Getreideexportgebiet noch eine bedeutende Zukunft haben zu sollen scheint, so zeigen sich hier möglicher Weise die ersten Ansätze einer interessanten Ausgestaltung des russischen Getreidehandels.

tigen Importfirmen überlassen bleibt; diese ihrerseits müssen sich dann vermittelst der stets vorhandenen Geschäftsverbindungen über Realität und Leistungsfähigkeit der Firma informieren. Umgekehrt führt sich ein neuer Agent durch Zirkular und persönliche Vorstellung bei den Importfirmen seines neuen Wirkungskreises ein. Natürlich herrscht auch auf diesem Gebiete starke Konkurrenz, die ihrerseits eine gewisse Konzentrationstendenz zur Folge hat, wie andrerseits eine fortschreitende starke Konzentration des Exportgeschäfts die Zwischenagenturen und in gewissem Masse auch die Verkaufsagenturen überflüssig machen würde, während auf der andern Seite die Einrichtung grosser Verkaufsagenturen den Importhandel bis zu einem gewissen Grade zu eliminieren geeignet ist, da sie den grossindustriellen Müllern und Brauern den direkten Bezug ihres Rohstoffes vom Exporteur ausserordentlich erleichtert. In der That hat sich in Mannheim in den letzten Jahren schon hie und da der Agent zu einer Art von Kommissionshaus herausgebildet, das gegen kleine Provision den direkten Einkauf namentlich lokaler grosser Mühlen mit Umgehung des Mannheimer Importeurs vermittelt.

Die Formen, in welchen der Exporteur mit dem Produzenten seines Exportgebietes in Verbindung steht, sind nach der Handelsorganisation und sonstigen Kultur des Landes ziemlich verschieden. In Amerika erhält er die Ware durch Vermittlung selbständiger binnenländischer Einkaufsgeschäfte (sog. »receivers«) oder der grossen Elevator-Gesellschaften, in anderen Ländern durch Einaufsagenten oder direkte Verbindung mit dem Produzenten. Das kommt wesentlich für Südrussland und die Balkanstaaten, d. h. für Länder mit einer erst in Entwicklung begriffenen Handelsorganisation in Betracht. Hier ist es daher auch in gewissem Masse rentabel, wenn einzelne grosse Mannheimer Firmen ihrerseits Einkaufsfilialen errichtet haben. Eine Schwierigkeit dafür bildet jedoch, dass derartige verantwortliche Vertrauensposten — im Gegensatz zu den nicht ganz so viel Risiko in sich tragenden Verkaufsfilialen — nur bewährten Vertrauenspersonen, eigentlich nur Familiengliedern oder wenigstens Geschäftsteilhabern der Hauptfirma ohne Leichtsinn anvertraut werden können. Da deren Zahl naturgemäss beschränkt ist, da ferner das lange Zeit steigende Angebot die Nachfrage aufzusuchen sich gewöhnt hat und die Formen der Handelsorganisation stets durch den Stand von Angebot und Nachfrage stark beeinflusst werden, so zeigt zur Zeit diese Institution — als eine von den Vertretern der Nachfrage ausgehende — keine besondere Ausgestaltung, scheint in ihrer Ausdehnungstendenz eher gegen frühere Zeiten zurückgegangen zu sein.

II. Die typischen Formen des Kontraktschlusses.

a) Bestimmung der Qualität.

Aus gleichen Ursachen basieren die Vertragsschlüsse — von ziemlich seltenen Ausnahmen abgesehen — nicht auf Einkaufsofferten des Importeurs, sondern auf Verkaufsofferten des Exporteurs, sog. »Anstellungen«. Das wichtigste Moment derselben ist nun die Form der Qualitätsbestimmung, auf welche sich der Kontraktschluss bezieht. Dieselben variieren nach den Handels- und Anbau-Verhältnissen des Exportlandes, und wir können zwei prinzipiell von einander verschiedene Entwicklungsstufen unterscheiden: den Kauf nach individueller Probe einerseits, und anderseits den Kauf nach ein für allemal festgestellten Handels-Typen, in seiner bisher höchsten Entwicklungsstufe als Kauf auf Grund offizieller die Typen-Qualität des Kaufsobjekts feststellender Certifikate organisiert. Endlich finden sich Misch- und Uebergangsformen zwischen diesen beiden Extremen.

1) Der Kauf nach Probe (Osteuropa).

Wir beginnen mit dem erstgenannten. Dasselbe findet sich als beherrschende Geschäftsform im Verkehr mit Russland und den unteren Donauländern. Hier ist der Getreideanbau zum Zweck naturalwirtschaftlicher Eigenbedarfsdeckung und für den nachbarlichen Lokalbedarf und -Markt historisch gegenüber dem beginnenden Getreideexport das prius. Dieser Export ist erst nachträglich als mehr und mehr entscheidender Faktor in das Wirtschaftsleben hineingetreten. Er hat daher zum Handelsobjekt das wählen müssen, was er in angebauten Produkten vorfand, und dies war eine unübersichtliche Mannigfaltigkeit von allerhand höchst individuell gestalteten Sorten, welche sich keineswegs unter eine begrenzte Zahl handlicher Geschäfts-Typen unterbringen liessen.

Dem Individualismus des Anbaus entspricht die individuelle Feststellung der Qualitäten des Kaufsobjektes durch Zugrundelegung individueller Proben: Der Exporteur sendet von jedem Posten Getreide, den er erwirbt, Warenproben mit fortlaufender Nummer an seine Vertreter in den verschiedenen Importplätzen. Dieselben werden — nach Provenienz, Getreideart und Exportfirmen geordnet — auf grossen, Bücherschränken ähnlichen Regalen im Komptoir der Agentur gelagert und bilden die Unterlage der von dieser abgeschlossenen Verträge, so lange der fr. Posten anhält; ist der letzte Bruchteil desselben abgesetzt, so erhalten die Agenten Nachricht davon und vernichten die Probe. Will der Exporteur nun eine Verkaufsofferte machen, so drahtet er einfach 3 Ziffern; die erste bedeutet die Quantität in tons, die zweite die Musterauszeichnung, die dritte das Preisangebot. (Diese Reihenfolge ist übrigens gleichgültig und zuweilen anders in Uebung). Dazu kommt ev. der Termin — [welcher entweder die Lieferungsfrist bezeichnet, z. B. »Juni Juli« oder die Abladefrist, z. B. »Mai 10. Juni«; in letzterem Falle soll bis 10. Juni das Schiff vom Exporthafen abgehen;] — und, wenn der Anbietende nur Zwischenagent ist, der Regel nach der Name seines Auftraggebers am Kopf der Depesche.

2) Der Typen-Handel (Nordamerika).

Die auf dem entgegengesetzten Prinzip beruhende Ausgestaltung der Kontraktsunterlage: der Handel mit abstrakten »Standard-Mustern« oder Typen, ist am vollkommensten entwickelt in Nordamerika, in Formen, die wir weiter oben bereits gewürdigt haben. Eben dort haben wir auch die Gestaltung dieser Qualitäts-Kategorieen und die Verschiedenheit der Systeme von Chicago und New-York berührt, so dass wir hier nicht noch einmal des näheren darauf einzugehen brauchen.

Der historische Grund der so völlig andersartigen Gestaltung der Verkehrsunterlage liegt darin, dass die Besiedelung der nordamerikanischen Exportgebiete sich unter dem Zeichen des Kapitalismus vollzog. Der Anbau war, zumal entlang der grossen transkontinentalen Eisenbahnen, von Anfang an mindestens teilweise Anbau für den Absatz. Er passte sich daher den Bedürfnissen des Handels an. Die angebauten Sorten entsprachen den Gradationssystemen der grossen amerikanischen Börsenplätze; diese — die Börsen als Repräsentanten der Nachfrage — lenkten die Richtung des Anbaus in die ihnen genehmen Bahnen. Der amerikanische Produzent ist nicht, wie der russische, ein Bauer oder Grundherr, sondern ein bürgerlicher Geschäftsmann. Dem entsprechen die Verkehrsformen in seinem Produkt. Der Kauf nach Probe kommt demgemäss beim nordamerikanischen Exportgeschäft unseres Wissens gar nicht mehr vor. Unterlage des Kontraktschlusses bilden vielmehr die sog. »Certifikate«, d. h. Bescheinigungen offizieller Natur, die von amtlich bestellten Hafeninspektoren bei der Verfrachtung oder auch von den ebenfalls mit Beamtenqualität ausgestatteten Aufsehern der grossen Elevatorgesellschaften bei Einlagerung in die Silos erteilt werden, und deren Qualitätsfeststellungen, d. h. Subsumtion des betreffenden Postens Getreide unter eine der üblichen Qualitätstypen, für die Kontrahenten, also auch für den deutschen Importeur offiziell bindend sind, je nach dem Exporthafen — wie erwähnt — entweder dauernd oder für die Jahreskampagne. Der deutsche Importeur kauft also das Getreide unter Zugrundelegung einer der üblichen Typenbezeichnungen und es wird ihm bei Versendung das Certifikat als für ihn unanfechtbarer Beweis dafür zugestellt, dass das verladene Objekt dem vertragsmässigen Typus entspreche.

3) Misch- und Zwischenformen.

Eine eigentümliche Mittelstellung nehmen Indien und Argentinien ein. In beiden Ländern herrscht unverkennbar eine Tendenz zur Entwicklung von Durchschnittsqualitäten, ohne dass dieselbe schon zum Abschluss gekommen wäre.

In Indien sind die Qualitäten innerhalb gewisser geographischer Gebiete ziemlich einheitlich, während sie zwischen diesen variieren. Da sich nun naturgemäss das Produkt grösserer Regionen in bestimmten am günstigsten gelegenen Seehäfen sammelt, so benennt man die fr. Typen nach Qualität und Herkunftsbezeichnung und handelt beispielsweise:

»soft red Bombay«
»hard red Bombay«
»Club Bombay«
»red Calcutta«
»white Delhi«
»white Kuractee« u. a.

Ueber alle diese einzelnen Qualitäten werden Muster bei

der London corn trade association hinterlegt, welche für eventuelle Streitigkeiten als Grundlage dienen.

Noch bedeutend mehr im Anfang der Entwicklung begriffen ist das Geschäft in Argentinien. Hier sind demgemäss die Qualitäten des Anbaus noch sehr verschiedenartig und wenig gleichmässig, dagegen finden sich Verschiedenheiten der geographischen Produktionsbedingungen nicht so stark, ferner ist Buenos-Ayres der einzige Exporthafen, so dass man Bezeichnungen nach der engeren Provenienz nicht wählen kann; andererseits ist es bei der bekannten Korruption der dortigen politischen Zustände und der mangelnden Zuverlässigkeit des Beamtenpersonals vor der Hand nicht angängig, offizielle Certifikate zu schaffen, obgleich die sachlichen Voraussetzungen dafür zunehmend gegeben scheinen. Deshalb hat sich ein Handel nach Typen auf Grundlage amtlicher Beglaubigung nicht entwickeln können. Vielmehr findet sich — aber nur als vereinzelte Erscheinung bei exquisiten Qualitäten — der Geschäftsabschluss auf Grund von Proben. Daneben aber beginnt sich ein eigentümliches System privater Vertrauensmänner herauszubilden, d. h. die Importfirmen lassen durch Vertrauensmänner — dortige Geschäftsfreunde — die zum Verkauf gelangenden Posten beaugenscheinigen und kaufen auf Grundlage der durch diese ausgestellten — natürlich nur Privatcharakter tragenden — Certifikate. Inhaltlich tragen diese Geschäfte also einen nahverwandten Charakter mit den nordamerikanischen; aber während bei diesen der Kontrahent gebunden ist und keine Möglichkeit der Reklamation hat, wenn die Ware nur innerhalb des im Certifikat bezeichneten Typus bleibt, ist dort die Bescheinigung nichts als ein privates Hilfsmittel zur Erleichterung des Vertragsschlusses bei den Haupt-Durchschnittsqualitäten. Immerhin haben auch hierin schon einzelne Häuser eine gewisse Vertrauensstellung allgemeinerer Anerkennung gefunden, speziell eine Firma Goodwin, so dass jetzt sehr vielfach der Verkauf abgeschlossen wird mit der Klausel: »Goodwin certifikate final«, d. h. das Goodwin'sche Certifikat ist als endgiltig zu betrachten.

Unterstützt wird diese Entwicklung dadurch, dass das argentinische Exportgeschäft in der Hauptsache in Händen deutscher Firmen liegt, die drüben ihre Niederlassung haben (Bunge, de Bary u. a.). Die Engländer lassen sich vorläufig noch nicht auf diese — oft doch täuschenden — Certifikate ein, sondern bestehen darauf, dass sich der südamerikanische Verkäufer auch in Bezug auf die Qualität der Londoner Arbitrage unterwerfen. Die Masse der argentinischen Kontrakte aber ruht weder auf der Unterlage individueller Proben, noch auf derjenigen geschäftsüblicher spezialisierter Typen, sondern bedient sich einer so primitiven Qualitätsbestimmung, dass dieselbe auf den ersten Blick höchst fremdartig anmuten muss. Die übliche Geschäftsform ist das sog. »faq-Geschäft«. Hier lautet der Kontrakt auf »fair average quality«: auf »gute Durchschnittsqualität« (nämlich der Ernte des betreffenden Jahres). Was als solche anzusehen ist, zeigt eine Probe, welche alsbald nach der Ernte an die Importplätze versendet wird und für die Campagne als permanente Unterlage der Geschäftsabschlüsse gilt. Natürlich fungiert diese nicht wie die gezogene Probe beim Kauf nach Probe; sie ist nicht im gleichen Sinn massgebend für die Qualität des zu liefernden Getreides wie diese, sondern dient nur zur ungefähren Orientierung des Händlers über den qualitativen Ernteausfall. Erst nach Versendung der auf dieser Grundlage verschlossenen Quantitäten erhält der Exporteur alsdann die weiter unten zu erwähnenden Ausfall-Proben von der individuellen Sendung; und erst auf Grund dieser kann er sich alsdann ein wirkliches Bild von den individuellen Eigentümlichkeiten der von ihm gekauften Ware machen, — eine nicht unbeträchtliche Steigerung des Risikos, welches beim Handel mit jenen Ländern auf ihn entfällt.

Die »fair average quality« — naturgemäss eine höchst unvollkommene Grundlage für Kontrakte — ist, was Argentinien anlangt, der Niederschlag der halbbarbarischen politischen Zustände und der sehr rückständigen ökonomischen Entwicklung des Landes in Verbindung mit der (zum Teil durch die Valutaverhältnisse) treibhausartig gezüchteten Verflechtung seiner Landwirtschaft in den Weltmarkt. Die Kostenunterlagen der landwirtschaftlichen Produktion sind bei der unsicheren Währung dort — und auch, freilich in geringerem Masse in Indien — so schwankend, die argentinischen Produktionsbedingungen so abnorm und das Andrängen von Waren auf den Markt ein so turbulentes, dass alle Feinheiten der Sortenunterscheidung beim Calkul der dortigen rein kapitalistischen Produktion und des dortigen Aufkäufers verschwinden.

Jene »Durchschnittsqualität« erinnert andererseits offenbar an die in Deutschland früher für den Terminhandel übliche

»Lieferungsqualität«, nur dass letztere, wie oben auseinandergesetzt, lediglich einer begriffsmässigen Bestimmung, statt einer materiellen Jahresprobe unterstellt war und ihre spezifische Funktion lediglich die war, als Unterlage der Spekulations-Abschlüsse zu dienen. Typen nach nordamerikanischer Art für diesen Zweck zu bilden, war in Deutschland aus ähnlichen Gründen unmöglich, aus welchen mit Russland nur auf Grund individueller Proben gehandelt wird: der moderne Grosshandel ist dem Anbau gegenüber das posterius, der Anbau ein höchst individueller, die grosse Mehrzahl aller Sorten würde zwischen oder ausserhalb der Typen liegen, selbst wenn man diese der Zahl nach bis zur Unübersichtlichkeit vermehrte. Unverkennbar war auch in Deutschland die Tendenz zur Ausgleichung der angebauten Sorten und zur Verminderung ihrer Zahl unter dem Druck der Grosshandelstechnik im Gange. Eine Reform des Lieferungshandels auf Grundlage von Typen wäre vielleicht jetzt noch verfrüht, aber sehr wahrscheinlich in absehbarer Zeit möglich gewesen und hätte ihrerseits wiederum die Entwicklung des typischen Anbaues befördert. Die Unterdrückung des Terminhandels statt des Versuchs seiner Reform hat diese Entwicklung einstweilen unterbrochen. Das einheimische Getreide wurde, so lange es auf den Mannheimer Markt kam, und wird, soweit es in den südwestdeutschen Grosshandel gelangt, auch heute lediglich nach individueller Probe gehandelt, wie das osteuropäische und wie diejenigen Proben des indischen und argentinischen, die sich jenen beiden Zwischenstufen von Probe- und Typen-Kauf nicht einreihen lassen, sei es, dass sie besonders guter Qualität sind und der Exporteur sie deshalb nicht zum Preise der Durchschnittsqualität abgeben will, sei es, dass sie geringwertiger sind und sich nur zu Futter-, Stärke-, Branntwein-Zwecken verwerten lassen, sei es endlich, dass sie irgend welche aussergewöhnlichen Besonderheiten haben, starke Mischung mit anderem Getreide oder dergleichen. Andererseits kommt Durchschnittsqualität auch beim Handel mit Ländern des Probenkaufs zuweilen vor, z. B. bei Käufen vor der Aberntung u. dgl.

Es soll hier nicht übergangen werden, dass in allerjüngster Zeit auch eins der wenig zivilisierten Länder des östlichen Europas, Rumänien, grosse Anstrengungen macht, um auf dem Gebiete der Qualitätsbestimmung mit den fortgeschritteneren Getreideexportländern Schritt zu halten. Den Anstoss zu diesen

Bestrebungen gab der Umstand, dass das zwecks Verbilligung des (heute 8—18%) kostenden) landwirtschaftlichen Krediles geschaffenen Warrantgesetz von 1892 in der Praxis daran gescheitert ist, dass bei der herrschenden Anarchie der Getreideproduktion die Lagerscheine dem mobilen Kapital keine genügende Wertsicherheit für den des hinter ihnen stehenden Getreidedepots boten.

Um eine solche Unterlage zu schaffen, werden jetzt die rumänischen Staatseisenbahnen in zahlreichen grösseren Stationen der dafür in Frage kommenden Gegenden Silospeicher analog den amerikanischen country-elevators errichten, die mit den bereits bestehenden staatlichen Ausfuhr-Elevatoren in den Hauptexporthafen (Galatz, Braila, Küstendsche) in Konney treten werden. Der Beginn mit diesen Reformen wird im Moldaugebiet gemacht werden, wo der Binnenhandel besonders im Argen liegt, zwischen Dorohoiu-Terucin, sowie Berlad-Galatz werden zunächst 48 Stationsspeicher mit zusammen etwa 75 000 t Kapazität gebaut werden.

Die Gesamtorganisation derselben wird einer unabhängigen Kontrollbehörde unterstehen, die sich aus Repräsentanten der Landwirtschaft, des Getreidehandels und der grossen Banken zusammensetzen soll. Diese wird alljährlich bestimmte standard-Typen ganz nach Art der amerikanischen festsetzen, z. B. »Rother Moldauer Weizen No. 2« u. drgl.; die von ihr angestellten Beamten überwachen — gleich den amerikanischen Out-inspectors, — die Lieferung des Getreides, sie haften dafür, dass die aus den Ausfuhr-Elevatoren in die Schiffe verladene Ware den Angaben des Warrant entspricht und stellen das Zertifikat darüber aus. Für etwaige Differenzen trägt die Verwaltung die Verantwortung. — Endlich soll in Constanza eine Getreidebörse eröffnet werden.

Die grosse Erleichterung der rumänischen Getreideausfuhr, welche hierin liegt, sowohl in Vereinfachung der kommerziellen Technik, als Verbilligung des Transports, wird in erster Linie dem Mannheimer Getreidehandel zu Gute kommen, da Mannheim das Zentrum der deutschen Einfuhr von rumänischem Getreide ist.

b. Form des Vertragschlusses.

Die Verkaufsofferten bezeichnen in allen Fällen, wo nicht nach Probe gehandelt wird, die Qualität natürlich entweder mit dem Typ oder faq. Im übrigen sind sie gleichartig. Soll die Offerte noch nicht bindend für den Exporteur sein,

will er also erst Antwort abwarten, ehe er sich entschliesst, ob er das Geschäft auch wirklich macht, so wird das Wort »freibleibend« hinzugefügt, oder auch, wo dies mit dem Agenten vereinbart ist, die Qualitätsbezeichnung weggelassen. Ist das Geschäft flau, so zieht der Anbietende es oft vor, seinerseits Preisangebote abzuwarten; er lässt dann die Preisziffer fort und setzt an ihre Stelle das Wort: »bietet!« oder »macht Gebot!«
Die Preise verstehen sich stets per ton und in Reichsmark. Auch hierin passt sich das stärkere Angebot der Bequemlichkeit der Nachfrage an. Dem deutschen Importeur aber ist der Handel in ausländischer Währung deshalb unbequem, weil er dadurch in Spekulationen des Valuta-Geschäfts hineingerät, deren Mühe und Risiko er lieber dem Exporteur überlässt. Fremde Währung im Kontraktschluss kommt deshalb nur in jenen oben erwähnten seltenen Fällen vor, wo der Importeur eigene Einkaufsfilialen im Auslande für den direkten Verkehr mit dem Produzenten oder Binnenhändler hat, oder wo er von Mannheim aus — was nach Südrussland hin vereinzelt vorkommt, Beziehungen zu Aufkäufern im Binnenlande hat und mit diesen direkt kontrahiert. Letzterer Modus spart zwar die Belastung mit Spesen und Gewinn des fremden Exporteurs, ist aber andererseits deshalb nicht bequem, weil dem deutschen Importeur alsdann die Fürsorge für die Verfrachtung vom fremden Hafen (Odessa) ab zufällt, die er dortigen ihm unbekannten und unkontrollierbaren Spediteuren überlassen muss. Schon dies ist ein Grund, nur bei besonders günstigen Angeboten sich auf derartige direkte Beziehungen einzulassen; dazu kommt aber ferner, dass, wie gesagt, in diesem Fall die Zahlung an den fremden Aufkäufer, der z. B. etwa in Kiew sesshaft ist, von diesem in Rubel verlangt wird. In diesem Fall deckt sich der Importeur sofort nach Abschluss des Geschäfts, indem er an der Berliner Börse auf Termin Rubel kauft.

Die Preise verstehen sich ferner für »Kost-Fracht-Geschäfte« (cif-Geschäfte), wie wir sie eben geschildert haben, und zwar in der Regel cif-Rotterdam (Antwerpen); doch kommt es neuerdings, seit einige grosse deutsche Transportgesellschaften auf sog. »Durchkonossemente« verfrachten, auch vor, dass Geschäfte cif-Mannheim geschlossen werden, vorerst freilich noch als seltene Ausnahme. —

Mit einem derartigen Auftrag und der fr. Warenprobe begiebt sich der Agent nun an diejenigen Stellen, wo er Abnahme bestens erwarten kann, persönlich ins Komtoir und sucht den Verkauf zu vermitteln. Der Importeur seinerseits findet, wenn er morgens aufs Komptoir kommt, die Kabelkurse der Weltmarktbörsen vor, für deren Preisbildung namentlich die New-Yorker einen alles dominierenden Einfluss hat. Nach ihnen richtet er seinen Calcul und entscheidet sich für Abnahme oder Ablehnung des Gebotes, resp. für ein Gegengebot. Der Agent drahtet zurück, sobald er ein Preisangebot bekommen hat, oder — wenn sich bei seinen Besuchen oder auch schon sofort aus den Tages-Kursen ergiebt, dass die Ware zum geforderten Preise nicht anzubringen ist, — er telegraphiert »Ausführung unmöglich. Preis ermässigen« und erwartet neue Offerte. Die bindende Frist ist für sämtliche Offerten nur der laufende Tag; bei solchen von Amerika sogar nur bis gegen 2 Uhr Mittags, d. h. bis zu der Zeit, dass die Rückantwort noch rechtzeitig zur Börse in New-York eintrifft, wobei die Zeitdifferenz von 5 Stunden zu veranschlagen ist. Sind von beiden Seiten die Zustimmungen eingelaufen, so füllt der Agent zwei der usance-mässig festgesetzten Vertragsformulare aus, unterschreibt sie selbst und giebt, resp. sendet sie den beiden Kontrahenten zur Unterschrift. Die Sprache, in der dieselben abgefasst sind, ist im Verkehr mit deutschen und slavischen Ländern deutsch, mit allen anderen englisch. Mit dem Austausch der unterschriebenen Kontrakte und — sofern das Geschäft nach individueller Probe gemacht wird — mit der sofort bei Abschluss erfolgenden Niederlegung einer versiegelten Probe am dritten Ort (zuweilen auch beim Käufer) ist der Abschluss des Geschäfts beendet; es ist jedoch zu bemerken, dass die Kontrakte nur Beweisurkunden sind, juristisch gebunden sind die Kontrahenten selbstredend schon durch die mündliche resp. telegraphische Willenserklärung.

Die Verschiedenheiten der Kontrakte im Verkehr mit den verschiedenen Ländern bez. Qualitätsbestimmung, Sprache, Fristen, Schiedsgerichtsbarkeit, Zahlungsbedingungen etc. sind dem deutschen Getreidehandel schon lange ein Dorn im Auge gewesen; und man hat sich schon wiederholentlich und auf die verschiedensten Weisen bemüht, hier Abhilfe zu schaffen und einem einheitlichen Modus den Sieg zu verschaffen, aber bisher ohne greifbares Resultat.

Erst im Januar 1898 beschloss der Vorstand der Mannheimer

---
1) S. Anhang.

Produktenbörse wiederum, bei der London Corn Trade Association, deren Kontraktsform sich mit am besten bewährt hat, den Antrag zu stellen, behufs Einigung der Interessentenkreise auf einen gleichen internationalen Getreide-Handelskontrakt einen **internationalen Getreidekongress** nach London einzuberufen. Leider ist auch dieses Vorgehen erfolglos geblieben. Das Londoner Comité hat die Festsetzung einer einheitlichen Kontraktsform für den Getreidehandel aller Länder des Weltmarkts wegen der verschiedenen Produktions- und Handelsbedingungen zur Zeit für unmöglich erklärt, hat aber gleichzeitig zugesagt, künftighin bei der alljährlichen Revision seiner Kontraktsformen sich mit den bedeutenderen Handelskammern des europäischen Kontinents in Verbindung zu setzen, um deren Wünsche auf Abänderungen entgegen nehmen und verwerten zu können, sodass eine allmähliche Ausgleichung der Differenzen für die Zukunft doch nicht ausser Möglichkeit steht.

c. Die Zahlung.

Der zweite Akt des Geschäfts ist die **Zahlung**. Dieselbe erfolgt bereits vor Ankunft der Ware Zug um Zug gegen Aushändigung der das Eigentum und die damit verknüpften Rechte übertragenden Dokumente (Konossement, event. Certifikat und Versicherungspolice). Der Exporteur sendet dieselben durch Vermittlung seines Bankiers am Exportplatz meist gleichzeitig mit einem weiteren sog. »Ausfall«-Muster, das der abgehenden Ware selbst entnommen ist, per Post sofort nach Unterzeichnung des Conossements in der Regel an ein Berliner Bankhaus, zusammen mit einem auf ein Mannheimer Bankhaus gezogenen und weiter indossierten Wechsel an eigene Order, während gleichzeitig die Faktura direkt an den Importeur geht. Letzterer benachrichtigt seinen Mannheimer Bankier (der u. U. mit dem Bezogenen identisch ist), dass er den Wechsel für seine Rechnung gegen die Verladungsdokumente acceptieren könne, woraufhin dieser dann den ihm präsentierten Wechsel acceptiert und zurückgiebt zum weiteren Umlauf auf dem Effekten-Markt, während er die Dokumente dem Adressaten aushändigt und sein Conto mit dem Betrage der Summe belastet.

Die so dargestellte Zahlungsweise tritt ein, wenn **gegen 3 Monat Bankrembours** gekauft ist. Häufig wird aber auch **gegen Kassa** gekauft, und zwar bei Russland und Ar-

gentinien abzüglich 90 Tage Zinsen, bei Nordamerika abzüglich
60 Tage Zinsen zum Reichsbanksatz. In diesen Fällen werden
die Dokumente durch Vermittlung eines Mannheimer Bankiers
dem Käufer vorgezeigt und er hat, nach dem er dieselben richtig befunden hat, die vereinbarte Barzahlung zu leisten. Dieselbe erfolgt jedoch kaum mittelst baren Geldes, sondern entweder durch Abschreiben vom Giro-Conto, oder durch Chek oder
Anweisung auf ein deutsches Prima-Bankhaus, oder gegen vista-
Wechsel. In der Regel zieht nicht der Importeur neue Wechsel
zu diesem Zweck, sondern giebt Kundenwechsel in Zahlung.

B. Transport und Lagerung.

I. Verfrachtung und Seefahrt.

Pflicht des Exporteurs ist es, nach Abschluss des Geschäfts
innerhalb der üblichen oder vereinbarten Frist ein Schiff zu chartern und die Ware in gutem Zustand ordnungsmässig und rechtzeitig zu verfrachten. Während der Verladung zieht er noch eine
Probe — das sog. »Ausfall«- oder »Ablade-Muster« (auch
»Stückmuster« genannt, weil es vom gekauften Stück Ware selbst
entnommen ist) — und sendet es dem Importeur gleichzeitig mit
den Dokumenten behufs Vergleiches mit der Kontraktsprobe [1]). Da
die Geschäfte »fob-Geschäfte« sind, d. h. die Lieferung free
on board erfolgt, so hört mit dem Moment, wo das Schiff in See
sticht, die Haftung des Exporteurs auf. Vom Augenblick des
Absegelns ab schwimmt die Ware auf Rechnung und Gefahr
des Empfängers, auch wenn er noch nicht das Eigentum daran hat.

Das Schiff geht nun direkt nach dem vereinbarten Seehafen.
Die Reise dauert per Dampfschiff ungefähr von New-York aus 2, von
Odessa[2]) aus 3—4, von Buenos-Ayres 4—5 Wochen, bei Segelschiffen natürlich entsprechend länger. Eine genaue Berechnung
des Ankunfttages ist wegen Wind und Wetter und der sonstigen
Schiffahrtsverhältnisse nicht möglich, doch erhalten die dortigen
Speditions- und Kommissionsfirmen Nachricht über den Tag der
Abfahrt, so dass sie eine ungefähre Berechnung der Ankunftszeit
vornehmen und sich darnach einrichten können. Diese Firmen

---

1) Aber auch bei Typenkauf.
2) Seit Schiffbarmachung des eisernen Thors von Orsowa geht nicht nur die Provenienz Südrusslands, sondern auch der Balkanstaaten und Donauländer über Odessa.

stehen sämtlich in fester Geschäftsverbindung mit bestimmten Firmen der Importplätze. Alle acht Tag ungefähr senden sie an ihre Kunden im Hinterland ein gedrucktes Verzeichnis der demnächst erwarteten Schiffe, d. h. derjenigen, deren Charterung oder Abfahrt ihnen mitgeteilt ist, so dass auch jene an der Rechnung teilnehmen können. Der Datumstag bezeichnet den nach mittlerem Durchschnitt anzunehmenden Ankunftstermin, der Ausdruck »ladend«, dass das Schiff im Exporthafen in Ladung liegt, also demnächst in See sticht, der Ausdruck »fällig«, dass der supponierte Ankunftstermin bereits verstrichen, oder das Schiff wenigstens jede Stunde zu erwarten ist.

II. Umschlag im Seehafen.

An diesen seinen Spediteur sendet nun der Importeur die Dokumente sofort, nachdem er sie selbst erhalten hat. Nur gegen Auslieferung dieser und Barzahlung der Seefracht, welche der Spediteur in der Regel vor oder bei Eintreffen der Ware vom Eigentümer der Dokumente übersandt erhält, im Notfall selbst auslegt, liefert der Kapitain des nun eingetroffenen Getreideschiffes die Ware aus, wobei der Uebernehmer festzustellen hat, ob etwa durch Verschulden desselben Verlust oder Verschlechterung der Wäre entstanden ist. Die Regel ist nun heute, dass diese aus dem Seeschiff sofort in das Rheinschiff umgeschlagen wird und ohne weitere kommerzielle Vermittlung vom Hafenplatz direkt weiter nach Mannheim geht. Je nach den Umständen — z. B. bei momentanem Mangel an Fahrzeugen, ungünstigem Wasserstand u. dgl. — kommt es aber auch vor, dass sie vorerst noch auf Lager gehen muss. Da dies meist nur für kürzere Zeit ist, so dass namentlich Konservierungsmanipulationen während derselben selten erforderlich werden, so werden aus Billigkeitsrücksichten nicht die dortigen grossen Silos dafür gewählt, sondern Lichterschiffe. Mit diesem Namen bezeichnet man die kleineren Fahrzeuge, welche als schwimmende Speicher in allen Seeplätzen vorhanden sind und für gewöhnlich den Transport etc. innerhalb des Hafengebiets selbst besorgen. Wenn für diese auf letztere Weise wenig zu thun ist, so benützen ihre Besitzer sie, um ihre Laderäume zu einem billigen Preis als Mietlager für längere Dauer zu verwerten, und da das Ueberschlagen in die Lichterschiffe und das Wiederverladen in die Rheinschiffe billiger und bequemer ist, als die Einlagerung in die Landspeicher, und etwaige Ueberliegetage des Seeschiffs sehr teuer sind, so kommt die Benutzung solcher schwimmenden Magazine trotz der Schwierigkeit, die etwa notwendig werdenden Manipulationen in ihnen vorzunehmen, ziemlich häufig vor.

Gleichzeitig mit der Umladung zieht der Spediteur wiederum ein Stückmuster und sendet es sowohl zum Vergleich mit den vom »Ablader« geschickten »Verkaufs«- und »Ausfall-Mustern« als namentlich zur Unterlage für die Verkäufe an die Müller dem Importeur per Bahn zu. Nach der Ueberladung stellt er das Rheinkonossement aus, fügt seine Nota dazu und schickt diese Papiere ebenfalls an ihn, sobald das Schiff beladen ist. Damit hört seine Thätigkeit und Haftung auf; das Risiko der Verspätung oder unterwegs entstehender Kosten trägt allein der Eigentümer. Weder der Spediteur noch der Frachtführer übernehmen irgend welche Garantie für rechtzeitige Ankunft. Auch die Versicherung auf dem Rhein wird meistens vom Importeur selbst bei Mannheimer oder auch anderen guten Versicherungsgesellschaften gedeckt. In den z. Z. noch seltenen Fällen, wo jene oben erwähnten »Durchkonossemente« ausgestellt werden, ist es natürlich die betr. Transportgesellschaft, deren ständiger Spediteur im Seehafen in Aktion tritt und die das Risiko entstehender Lichterkosten, Lagerkosten etc. trägt. Die Fahrt vom Seehafen nach Mannheim dauert, wenn nicht Verzögerungen durch niedrigen Wasserstand entstehen, etwa 14 Tage.

III. Ankunft und Uebernahme in Mannheim.

Das Schiff kommt nun im Bestimmungsort an. Ist die Ladung an Order adressiert, so verkündet der Schiffer seine Ankunft durch Anschlag im Börsenlokal und im Dienstgebäude der Hafenverwaltung. In der Regel ist der Destinatär namentlich bezeichnet; dann meldet sich der Schiffer sofort am Tage der Ankunft und zwar bis spätestens 5 Uhr Nachmittags, in dessen Komtoir. Der Adressat begiebt sich dann mit ihm sofort oder baldmöglichst an Bord des Schiffes und besichtigt die Ladung, um festzustellen, ob durch Verschulden des Schiffers Verlust oder Beschädigung derselben entstanden ist, wofür dieser zu haften hätte. Dies wäre z. B. der Fall, wenn er entgegen den Usancen mehrere Posten geschüttetes Getreide, die für verschiedene Adressaten bestimmt sind, nicht durch dichte eiserne oder hölzerne Schotten oder durch Matten von einander getrennt hätte oder solche Trennung im Lichter nicht eingehalten hätte. Ist ohne sein Verschulden Schaden oder Manko der Art entstanden, so trägt es natürlich der Eigentümer; bei mehreren Eigentümern wird, wenn die Partien nicht streng gesondert, sondern nur durch Matten getrennt verladen waren, Manko oder Schaden pro rata unter alle verteilt und die Verechnung zu dem, zu diesem Zwecke alle 14 Tage durch die Börse festgestellten Mannheimer Verteilungspreis vollzogen.

Ist äusserlich alles in Ordnung, so findet Austausch der Konossemente gegen Auslieferung der Ware statt, mit deren Annahme der Schiffer von jeder Haftung befreit ist. Die Löschungsfrist beginnt mit dem nächstfolgenden Werktag und schwankt je nach der Grösse der Gesamtladung zwischen 5 und 14 (Werk-)Tagen. Für Ueberliegetage werden sog. »Liegegelder« gezahlt, die nach der Ladungsfähigkeit des Schiffes zwischen 7 und 33 M. pro Tag schwanken. Den Ausladeplatz bestimmt der Warenempfänger, gegen Kostenersatz kann er auch Wechsel desselben verlangen; die Reihenfolge der Ausladung bei mehreren Empfängern ordnet der Schiffer an, je nachdem es die Art der Beladung seines Schiffes notwendig macht.

Die Fracht wird, wenn der Frachtführer ein Privatschiffer ist, sofort bar an diesen, wenn es — wie in der Regel — eine Transportgesellschaft ist, an deren in Mannheim befindliches Bureau oder sofern es eine auswärtige Gesellschaft ist, an deren Agentur gezahlt. Auch die Verrechnung mit dem Spediteur geschieht nicht etwa periodisch, sondern alsbald nach Empfang der Ware. Sie begreift in sich neben den Auslagen für die Seefracht und etwaige Lagerung im Seehafen die »Ueberladungskosten« (Provision), welche für die einzelnen Funktionen fix bestimmt sind. Der Gesamtbetrag der Kosten von der Ankunft im Seehafen bis zur Ankunft in Mannheim stellt sich nach den heutigen Sätzen nur noch auf ca. 6 M. pro t.

IV. Lagerung der Ware.

Das Getreide geht nun entweder direkt vom Schiff auf die Eisenbahn oder zunächst auf Lager und zwar entweder in eine Privatlagerhalle, sei es, dass sie Eigentum der einlagernden Firma oder von ihr gemietet ist, oder aber in eines der Lagerhäuser der verschiedenen Lagerhausgesellschaften. Aeltere und grössere Firmen, welche auf einen regelmässigen Lagerbestand in gewissem Umfang rechnen können, haben teils aus der früheren Zeit her noch eigene Lagerräume im Hafengebiet, teils Räume der Getreidelagerhausgesellschaft oder Schüttböden der Mannheimer Lagerhausgesellschaft in Miete. Betreffs der Ein- und Entlagerung bei der Mannheimer Getreide-Lagerhausgesellschaft gilt zwischen den Einlagerern und dem »Verein der Getreide-Oberarbeiter«, welcher aus 14 oder 15 »Obmännern« oder »Getreide-Oberarbeitern« besteht und der Hafenverwaltung untersteht, ein festes Vertragsverhältnis. Die Obmänner haben etwa eine analoge Stellung wie die anlässlich des Hamburger Streiks vielgenannten dortigen »Stauer«; sie sind Zwischenmeister, die ihrerseits Lohnarbeiter als Unternehmer beschäftigen; sie haften dem Eigentümer der Ware für Verlust, Beschädigung, rechtzeitige und ordnungsmässige Löschung und Verladung, gleichzeitig der Zollbehörde für etwaige Unterschleife. Zwischen dem Verein der Getreide-Oberarbeiter und dem Aufsichtsrat der Getreide-Lagerhausgesellschaft besteht seit dem 6. April 1881 ein Vertrag, der für die an derselben beteiligten Firmen bindend ist. —

Wird das Getreide in eines der grossen öffentlichen Lagerhäuser geschafft, so hat der Einlagerer nur der Verwaltung den entsprechenden Auftrag zu geben, worauf dieselbe dann alles weitere selbständig besorgt. Er erhält dann zum Ausweis seinen Kunden gegenüber eine »Lager-Bescheinigung«. Dieselbe ist jedoch lediglich Beweis-Urkunde, dingliche oder Forderungsrechte irgend welcher Art sind nicht mit ihr verknüpft. Zum Zweck der Wiederauslieferung muss er eine »Lager-Verfügung«, deren Formular die einzelnen Firmen besitzen, ausfüllen und unterzeichnet übergeben. Statt dieser gewöhnlicheren Form kommt in beschränktem Umfang auch die Warrant-Ausgabe vor. Nach der oben erwähnten gesetzlichen Ausgestaltung des Warrants zum vollgültigen Repräsentations-(Traditions)-Papier durch das neue Handelsgesetzbuch wird, wie man in den beteiligten Kreisen annimmt, die heute übliche Form in zunehmendem Masse durch das Warrantsystem ersetzt werden, während der Warrantlombard anscheinend kein Bedürfnis ist und wohl nicht oder wenigstens nicht so schnell und nicht in grösserem Umfang in Aufnahme kommen wird.

V. Beilegung von Differenzen. — Schiedsgerichte.

Ueberzeugt sich der Importeur bei Ankunft der Ware am Seeplatze vermittelst der ihm vom Spediteur gesandten Probe, dass dieselbe der Kontraktprobe resp. dem gehandelten Typus oder dem Ablademuster nicht entspricht, oder hat er sonst irgend welche Aussetzungen zu machen, so ist er gleichwohl nicht etwa berechtigt, die Einlösung der Dokumente oder die Annahme der Ware zu verweigern. Thut er dies dennoch, so wird sie für seine Rechnung (hinsichtlich der etwaigen Preisdifferenz) meistbietend versteigert und zwar in Ermangelung eines vereidigten Maklers, der, wie wir wissen, in Mannheim längst nicht mehr existiert, durch den Gerichtsvollzieher. Das Rechtsmittel des sich für geschädigt haltenden Importeurs ist vielmehr zunächst die R e k l a m a t i o n, die innerhalb 8 Tagen nach erfolgter Löschung entweder direkt beim Ablader oder bei dem betr. Agenten geschehen muss, und wenn diese als gegenstandslos vom Exporteur zurückgewiesen wird, die Anrufung eines S c h i e d s g e r i c h t s.

Der O r t desselben wird stets im Kontrakt mit vereinbart; usancemässig wird entweder London, Rotterdam oder Antwerpen gewählt, doch wird in zunehmendem Masse Rotterdam vor London bevorzugt. Bei Anwendung der Arbitrage hat der Käufer aus dem Kreise seiner am Arbitrageort wohnhaften Geschäftsfreunde innerhalb der ersten 14 Tage nach Beantragung des Schiedsgerichts seinen S c h i e d s r i c h t e r zu bezeichnen. Dann fordert er den Gegenkontrahenten auf, den seinigen zu bezeichnen, was im Unterlassungsfall auf seinen Antrag ex officio geschieht, nämlich bei London-Kontrakt durch die London Corn Trade Association, bei Mannheim-Kontrakt durch den dortigen Börsenvorstand. Kommt es zwischen den beiden zu keiner Einigung, so ernennen sie ihrerseits einen dritten, der jedoch kein selbständiges Urteil zu fällen hat, sondern nur für eins der beiden vorliegenden den Ausschlag giebt. Dem Urteil des so zusammengesetzten Schiedsgerichts haben sich beide Teile zu unterwerfen. Bei London-Kontrakt ist Appellation zugelassen. Bei der Appellation treten andere Schiedsrichter in Thätigkeit und zwar das »Committee of Appeal«, welches von der London Corn Trade association dauernd gewählt ist.

Als s a c h l i c h e U n t e r l a g e des Schiedsspruches dient erstens jene Kontraktprobe, welche, wie oben erwähnt, sofort beim Vertragsschluss versiegelt und deponiert wird, zweitens eine der jetzt gelieferten Ware entnommene, die gemeinschaftlich von einem Vertreter des Käufers und einem solchen des Verkäufers gezogen wird. Letzterer, der sog. »Kontrolleur« soll usancemässig in der »factura«, d. h. der den Dokumenten beiliegenden Rechnung, genannt sein. Wird dem Kontrolleur des Verkäufers die Mitwirkung bei der Musterziehung verweigert, so tritt dafür auf Kosten des Verkäufers ein beeidigter Makler resp. eine Gerichtsperson ein. Die Kosten des Verfahrens trägt selbstverständlich der unterliegende Teil.

C. Der Absatz.

I. Absatzgebiet und Kundschaft.

Das **Absatzgebiet** ist für den Mannheimer Importhandel im wesentlichen dasselbe geblieben, das es schon vor 30 Jahren war. Es umfasst Baden, Bayern, Württemberg, Hessen, die Rheinpfalz, den grössten Teil der Schweiz und das Elsass.

Abnehmer sind in erster Linie die Getreideverarbeitungsgewerbe, also namentlich die grossen Handelsmühlen. Soweit sie nicht reines Lohnwerk treiben, was nur noch in sehr geringem Umfange vorkommt, sind aber auch die kleinen und kleinsten Mühlen mit 1—3 Arbeitern ebenso regelmässige Kunden des Importeurs, wie die Grossbetriebe, weil sie ebenso auf die Mischung und Verarbeitung überseeischen Getreides angewiesen sind. Daneben stehen die Brauereien für Gerste, ferner die Weizenstärkefabriken, die Branntwein-Brennereien etc. Zum Teil findet der Absatz auch an **Zwischenhändler** statt. Dies kommt namentlich in Betracht, wo der direkte Bezug vom Importeur aus irgend welchen Gründen unzweckmässig erscheint, sei es, dass der Kunde nur kleine Posten beziehen will, oder nicht genügend kapitalkräftig und kreditfähig ist, oder aus verkehrstechnischen Gründen eine Zwischenhand braucht u. a. Im Gegensatz dazu kommt es bei den ganz grossen Gewerbetreibenden bereits vor, dass sie selbst zu importieren versuchen, indem sie sich direkt an die Agenturen wenden. Indes hat dies auch seine Nachteile, da diese nur beträchtlich grosse Posten auf einmal verkaufen, die dem Müller, weil er gemischtes Getreide vermahlt, unbequem sind.

Dazu kommt, dass er sich beim Kauf vom Importeur jederzeit wegen Mängel der Ware an diesen halten kann und event. Preiskonzessionen zugestanden bekommt, während Reklamationen beim Exporteur oder gar Schiedsgerichte wegen mangelhafter Qualität für den Müller, zumal er die Ware zunächst abnehmen muss, höchst umständlich und geschäftshindernd sind.

Denn ein spezifisches, vom Importhause getragenes Risiko besteht gerade darin, dass es die bindende Kraft der Certifikate seinerseits stets anerkennen muss, überhaupt sich im Verkehr mit dem ausländischen Exporteur in der Geltendmachung auch seiner zweifellosen Rechte gegen diesen durch die Natur der Verhältnisse überall gehemmt findet, während umgekehrt seine inländischen Abnehmer ihm gegenüber auf ihrem Schein bestehen können. Und nicht nur dies: der Importeur würde seine Kundschaft riskieren, wollte er in allen Fällen seinerseits auf seinem Recht bestehen; er muss aus diesem Grunde dem Kunden, wenn die Ware in dessen Augen Mängel aufweist, Abschläge vom Kontraktpreis bewilligen, ohne sich dabei auf das amerikanische Certifikat berufen zu können, wie es ihm gegenüber der Exporteur thut. Diese durch das eigene Interesse des Importeurs gebieterisch geforderte, aber geschäftlich für ihn natürlich höchst lästige Coulanz desselben ist es, welche das entscheidende Motiv für die Binnenlandskundschaft ist, ihn unter normalen Verhältnissen nicht zu umgehen. Auch wird sie in Hausse-Perioden und bei steigender Konjunktur in der Regel beim Importeur relativ billiger kaufen, als beim Agenten; bei fallenden Preisen aber jedenfalls nicht teurer, denn abgesehen von den ganz grossen Firmen, welche ihre Vorräte ruhig festlegen können, bis die Preise wieder anziehen, wird derselbe meist genötigt sein, seine einmal lagernden Vorräte schnell loszuschlagen, ehe eine zu starke Baisse-Periode ihm direkten Schaden bringt. Die Preise, die der Importeur seiner Kundschaft stellt, werden also die Tendenz haben, relativ stetiger zu sein.

II. Der Kontraktschluss.

Der Kontraktschluss vollzieht sich in zwei verschiedenen Formen, entweder durch Vermittlung von Zwischenpersonen, nämlich durch Verkaufs-Agenturen, die in den Hauptabsatzplätzen ansässig sind und, wo die geographischen Verhältnisse dies unrationell machen, durch Reisende. Oder aber durch direkte Verbindung des Abnehmers mit dem Importeur vermittelst Briefpost, Telegraph und Telephon; letztere Form scheint die neuere Entwickelungsstufe darzustellen und sich allmählich mehr einzubürgern. Daneben findet sich auch mündlicher Kauf im Komtoir und z. T. auf dem Fruchtmarkt.

Unterlage des Kontrakts sind in der Regel Warenproben, selten Typen. Es kommt zwar vielfach vor, dass auch der Müller einfach »red winter Nr. 2« etc. kauft. Der Importeur aber liebt den abstrakten Absatz an Gewerbetreibende nicht sonderlich, hauptsächlich aus dem Grunde, weil faktisch, wie schon erwähnt, wohl er, aber nicht sein Kunde hinsichtlich des Abnahmezwangs an den offiziellen Typus gebunden ist, und er sich deshalb hinterher, wenn die Ware den Wünschen jenes nicht entspricht zur Modifizierung des Preises verstehen muss oder gar Zurückweisung der Ware erwarten kann. Analoge Rücksichten wirken mit dahin, dass Verkäufe, welche nicht schon durch lagernde oder mindestens schwimmende Ware gedeckt sind, — also Blanko-Verkäufe — ungern abgeschlossen werden; kleinere Firmen freilich, die kein übermässiges Betriebskapital investieren, sondern dasselbe möglichst rasch umschlagen wollen, verstehen sich leichter dazu; grössere lassen sich nur ungern darauf ein, wenn etwa ständige Geschäftsfreunde eine Ware verlangen, die sie augenblicklich nicht auf Lager haben, befolgen dann aber den Grundsatz, sich thunlichst sofort zu decken. Im Allgemeinen ist es Prinzip, zuerst zu kaufen und dann die gekaufte Ware unterzubringen, auf Grund der von Rotterdam erhaltenen »Ausfallmuster«, gelegentlich auch schon nach dem »Ablademuster«. Beide werden ja auch stets gezogen, wenn Typen gehandelt werden. Diese Proben erhalten je nachdem die Abnehmer selbst per Post übersandt, oder die Agenten resp. Reisenden, die dann mit jenen ganz analog kontrahieren, wie der Exportagent mit dem Importeur in Mannheim. Was für Ware er anschafft und wem er sie zum Verkauf anbietet — auch hier scheint die Offerte in der Regel wieder vom Verkäufer auszugehen —, dafür ist die Geschäftserfahrung, die Branchenkenntnis, die Orientierung über den allgemeinen und den jeweiligen Bedarf der meist festen Kunden massgebend.

Aus diesen Erörterungen folgt schon, dass die Zeit, innerhalb deren der Verkauf bewerkstelligt wird, in der Regel die Frist zwischen der Ankunft des Seeschiffs im Hafen und des Rheinschiffs in Mannheim ist. Seltener die Zeit der Seefahrt, denn der Importeur wartet lieber auf das Ausfallmuster, das zuverlässiger ist wie das Ablademuster und ihn deshalb weniger dem Risiko einer Differenz mit dem Kunden oder eines Schiedsgerichts[1]) zwi-

---

1) Dasselbe findet in diesem Fall natürlich nicht in Rotterdam, sondern an der Mannheimer Börse statt.

schen ihnen aussetzt. Seltener auch die Zeit der Lagerung in Mannheim, da die vom Spediteur gezogene Probe ziemlich ebenso zuverlässig, wie eine vom Importeur selbst der prompten Ware entnommene ist, und dieser natürlich den Verkauf möglichst beschleunigt, um den Umschlag seines Kapitals abzukürzen, der im Durchschnitt heute 4—5 Monate beträgt.

Wie hieraus hervorgeht, ist dasjenige Getreide, welches in Mannheim auf Lager liegt, der Regel nach und zum grösseren Teile bereits wieder verkauft. Dass es trotzdem noch auf Lager geht, rührt wesentlich daher, dass die Käufer das gekaufte Getreide meist nicht sofort effektiv abnehmen, sondern sich »Bezug nach Bedarf« oder Sendung in Raten zu bestimmten Terminen ausbedingen. Auf diese Art ersparen sie sich die Eventualität, eigene Lager grösseren Umfangs zu halten, was um so rationeller ist, als seltsamer Weise die Gebühren und Spesen der Lagerung nicht der Müller, sondern der Importeur trägt, der gegen unreelle Ausbeutung dieser Usance nur durch den Grundsatz von Treu und Glauben im Handelsverkehr geschützt ist. Daneben kommt es natürlich oft vor, dass er Ware schwimmend auf Termin verkauft hat und dieselbe nun so lange einlagern muss, bis die Lieferungsfrist beginnt und er andienen darf; ähnlich bei Blankoverkauf mit sofortiger Deckung. Unverkaufte Ware lagert nur, wenn der Importeur, in Erwartung einer Hausse, grosse Vorräte eingedeckt hat, die er nun erst allmählich auf spätere Termine absetzen kann.

III. Die Zahlung.

Die Zahlung geschieht wesentlich auf zwei verschiedene Weisen. Bekannte Kunden von unzweifelhafter Kreditfähigkeit erhalten, besonders bei ständiger Geschäftsverbindung ohne weiteres 2—3 Monate »offenes Ziel«, d. h. Kredit ohne Sicherheit. In den meisten Fällen werden aber vom Verkäufer auf den Käufer Wechsel auf drei Monate ausgestellt, die Letztere sofort acceptiert und der Aussteller sich dann bei Bedarf diskontieren lässt. Diese Tratten sind zahlbar an jedem Reichsbankplatze, zum grossen Teil erfolgt auch Zahlung durch Bankrimessen oder »Kundenwechsel«, das sind solche, welche der Müller auf seine Abnehmer zieht. Daneben kommt endlich Skontrierung durch Barzahlung oder Giroverkehr vor. Bei den grossen Mühlen bedingen die Verkäufer sich Zahlung durch Bankwechsel aus, weil sie diese zum Privatdiskontsatz erheblich billiger anbringen können, als der in Rechnung gestellte Reichsbankdiskont beträgt, und die meisten grossen Mühlen nicht auf sich ziehen lassen.

IV. Der Versand.

Der Versand des Getreides erfolgt, wie bereits erwähnt, vorwiegend per Bahn, obwohl in jüngster Zeit die Wasserstrasse, speziell nach Strassburg, bei der Versendung an Frequenz zunimmt. Sie geschieht »frei Waggon«, resp. »frei an Bord« oder auch »frachtfrei« und zwar — im Gegensatz zum Bezug — nicht in loser Schüttung, sondern gesackt. Die Säcke müssen dem Verkäufer binnen 14 Tagen nach geschehener Absendung zurückgeliefert werden; andernfalls ist per Tag und Sack $^1/_2$ ℳ Mietgeld zu zahlen, das jedoch den Betrag von 1 M. in Summa nicht übersteigen darf. Der Anspruch auf Ersatz des Wertes (von ca. 60 ℳ per neuen Sack) bleibt natürlich daneben bestehen.

Der Grund dafür, dass der Bezug hier gesackt erfolgt, liegt lediglich im Interesse der Müller und nicht etwa im verkehrstechnischen. Die grossherzogliche Regierung hatte sich sofort 1889, als erstmalig die preussischen Bahnen infolge des russischen Sackzolls und den Projekten einer pommerschen Kornsilobank den Getreidetransport alla rinfusa aufnahmen, sich ebenfalls bereit erklärt, auf Wunsch diesen Modus im Gebiete der badischen Staatsbahnen einzuführen; aber die Handelskammer erklärte nach Beratung mit den Interessenten in einem Gutachten vom 3. Januar 1890, dass im Hinterlande von Mannheim teils die Voraussetzungen dafür überhaupt nicht gegeben seien, teils die Entwicklung dafür »noch nicht reif« sei.

Ersteres bezog sich darauf, dass der Bahntransport in loser Schüttung vornehmlich von Bedeutung ist in ausgedehnten exportierenden Getreide-Produktionsgebieten, wo ganze Eisenbahnzüge voll Korn aus den inländischen Sammelstellen durch weite Strecken in die Seehafenplätze gingen, um dort geschüttet in Silos oder in Schiffe zu gelangen oder in Amerika, wo überall die Bahngeleise in die Mühlen führen und die letzteren speziell zur Entladung des Getreides in losem Zustande eingerichtet sind. Mannheim aber ist ein Importhafen. Hier werden die ankommenden Riesenquantitäten geteilt und verteilt, und in relativ kleinen Posten auf kurze Strecken nach den verschiedensten Richtungen versandt.

Mit dem zweiten Punkt ist gemeint, dass dank der kleinbäuerlichen Bevölkerung und der vielfach vorhandenen billigen Wasserkraft sich die kleinen Mühlen weit hartnäckiger halten, als in anderen Gebieten. Für diese hat aber der Transport in loser Schüttung nicht nur keinen Wert, sie wünschen ihn nicht einmal, obgleich auch sie — im Rheingebiet ausnahmslos und in den übrigen Teilen des Absatzgebietes meistens — zur grösseren Hälfte ausländisches, über Mannheim bezogenes Korn vermahlen. Wenn sie nun dasselbe in loser Schüttung erhielten, müssten sie es auch so lagern; denn wenn sie es zu diesem Zweck erst sacken wollten, würden sie unnötig Zeit und Kosten aufwenden. Nun haben wohl die amerikanischen Riesenetablissements sämtlich eigene Silos für diesen Zweck, und auch die grossen Etablissements im Mannheimer Absatzgebiet errichten in immer stärkerer Anzahl solche, derart, dass sie das Getreide aus diesen mittelst eines Systems von Transportbändern direkt — eine Mühle in Weinheim sogar quer über die Strasse hinweg — in den Mahlbetrieb leiten. Einleuchtender Weise ist dies aber nur ausführbar bei Betrieben von grossem Umfang und ununterbrochener Thätigkeit. Die kleineren und Mittelbetriebe müssten Schüttböden mit all ihren oben gekennzeichneten Nachteilen anlegen, wozu noch kommt, dass der gerade von ihnen am stärksten mitverarbeitete süddeutsche Weizen nur sehr dünn gelagert werden kann, während er gesackt und stossweisse aufgesetzt, sich relativ gut hält. Sie beziehen schon sowieso mit Vorliebe ihr Material ratenweise in kleineren Quantitäten, was jedoch natürlich auch eine gewisse Grenze hat; der Transport in loser Schüttung aber basiert gerade auf Massenversendung.

Ferner liegen diese Mühlen — und das ist mit der wichtigste Gegengrund — grösstenteils nicht an Bahnstationen, wenigstens nicht am Bahngeleise und wüssten deshalb gar nicht, wie sie lose geschüttet ankommendes Getreide von der Bahn auf Lager besorgen sollten. Es muss allerdings darauf hingewiesen werden, dass in den allerletzten Jahren, seit 1891/92 etwa, die Lage dieser mit Wasserkraft oder Wind betriebenen »Kundenmühlen« eine höchst prekäre geworden ist, und stetig sich kritischer gestaltet, so dass vielleicht die Zeit nicht mehr allzufern ist, wo die grossen Handelsmühlen mit Dampf- und Elektrizitätsbetrieb das Gros der Getreidekonsumkraft bilden. Es treffen hierfür mehrere Ursachen zusammen. Einmal hat die durch die Zollgesetzgebung der neuesten Zeit, durch die günstigen Ausfuhrbestimmungen ausländischer (namentlich französischer) Mühlen, auch durch die steigende Aufnahmefähigkeit des inneren Marktes herbeigeführte Situation die deutschen grossen Handelsmühlen, welche bis vor kurzem fast lediglich für den Export arbeiteten, veranlasst, den inländischen Markt mit allen Kräften für sich zu erobern. Dass dies unter Verdrängung der kleinen ländlichen Mühlen leicht möglich ist, liegt nicht nur in dem natürlichen Uebergewicht des Grossbetriebs, sondern zum grossen Teil an ihrer günstigen Lage in städtischen Verkehrszentren, welche Ausnützung der billigen Wasserfracht, geringere Verfrachtungsstrecken für Bezug und Absatz und sehr erleichterten kommerziellen Verkehr (Telephon-Anschluss!) möglich macht. Fördernd wirkt die gleich hohe Tarifierung der Frachten für Rohmaterial und Fabrikat und der dauernd an Umfang zunehmende direkte Bezug des Rohmaterials, während der kleinere Müller ja meist noch auf kleine Zwischenhändler angewiesen ist. Dazu kommen die für die kleineren Betriebe äusserst misslichen Kreditverhältnisse, deren Reform bis jetzt an der ablehnenden Haltung der Abnehmer (speziell der Mehlhändler) gescheitert ist, im Gegensatz zu den koulanten Bedingungen der lange Kreditfristen leicht ertragenden Grossbetriebe. Stark geschadet hat ferner gerade den kleineren und mittleren Betrieben die durch die Börsengesetzgebung herbeigeführte lähmende Unsicherheit und Unstetigkeit des Handels. Endlich leiden speziell die kleinen Kundenmühlen sehr unter den sich immer mehr bemerkbar machenden landwirtschaftlichen Genossenschaften und Konsumvereinen, die den Bauern veranlassen, seinen Bedarf an Mehl und Kleie direkt zu beziehen und sein Getreide zu verkaufen oder nur noch Handelsgewächse zu bauen, weil er dabei billiger wegkommt. So sind z. Z. die kleineren Betriebe trotz des günstigen Absatzgebietes und des allgemeinen guten Geschäftsgangs in der Branche gegenwärtig schon fast ausschliesslich auf den Absatz an die wenigen kleinen Landbäcker angewiesen, während die Grossbetriebe prosperieren, ihren Betrieb ständig erweitern, und zu gewärtigen ist, dass sie auch diese letzte pièce de résistance des kleinen und mittleren Betriebes in naher Zukunft an sich ziehen.

Allein damit ist noch nicht notwendigerweise gesagt, dass die Einführung der Getreideversendung alla rinfusa nun auch nur eine Frage der Zeit ist. Es liegt nämlich in den Verhältnissen Grund genug, auch die grösseren Mühlen dieser Verfrachtungstechnik vorläufig ziemlich gleichgültig gegenüberstehen zu lassen. Während nämlich in ihrer Heimat Amerika und auch in anderen Ländern die einheimische Krescenz und im Allgemeinen das zur Verarbeitung kommende Rohmaterial wesentlich gleichartig ist, so dass verschiedene Posten unbedenklich im Silo zusammengeschüttet werden können, ist in der deutschen Mühlenindustrie just das Umgekehrte der Fall. Das Mischverfahren übt aber hier nicht der Händler aus, sondern überlässt es dem Müller. So kommt es, dass dieser behufs Herstellung eines einzigen Posten Mehles mindestens 2—3, zuweilen aber auch 5—6 verschiedene Arten zusammen schicken lassen und lagern muss. Dass hierfür das Schüttungsprinzip ebenso unpraktisch ist, wie das Sackungsprinzip rationell, liegt auf der Hand, zumal die Verwendung der einzelnen Arten auch noch nach der jeweiligen Konjunktur wechselt. So hatte z. B. ein Gewährsmann des Autors zur Zeit nicht weniger als 9 verschiedene Weizensorten auf Lager: süddeutschen, holsteiner, pommerschen, mecklenburgischen, russischen, indischen, kalifornischen und Oregon, endlich Spelzkernen pfälzer Herkunft.

V. Der Vertrieb einheimischer Crescenz.

Wie wir hieraus sehen, wird in den süddeutschen Mühlen auch einheimische Krescenz selbst mit verarbeitet. Dieselbe ist jedoch quantitativ sehr gering. Von dem heute in der Pfalz und Baden noch erzeugten Getreide, soweit es nicht etwa für den eigenen Konsum gebaut wird, kommt für den Handel wesentlich nur B r a u g e r s t e in Betracht, die in ziemlich beträchtlichen Posten nach England verschifft wird. Der Absatz derselben liegt in der Hand Mannheim-Ludwigshafener Händler, ganz vornehmlich einer grossen Ludwigshafener Firma, deren Spezialität dies bildet, und ist nur ermöglicht durch das — weiter unten noch eingehend zu besprechende — System der Ausfuhrscheine. Es wird auf diesem Wege die deutsche Gerste sozusagen ausgetauscht als Korrelat der ungarischen, welche die Münchener Brauereien auf diese Art zollfrei und ihrer geographischen Lage nach mit Vorteil beziehen können.

B r o t k o r n einheimischer Krescenz kommt nur in sehr geringen Quantitäten in den Handel. Meist geht es ohne Vermittlung desselben direkt aus der Hand des Produzenten in die des Müllers über. Soweit dies nicht der Fall ist, — namentlich im südlichen Teile dient es in einigen Getreide bauenden Gegenden noch immer als Ausfuhrobjekt nach der Schweiz —, bilden meist kleine Landhändler und Aufkäufer, wie sie oben unter den Kunden des Mannheimer Grosshändlers mit erwähnt sind, den Vermittler dafür. Dem Umsatz dieses Getreides dienen im Wesentlichen die Fruchtmärkte, soweit sie sich noch erhalten haben; doch wird — von kleinen Landstädtchen abgesehen — auch auf ihnen jetzt in der Hauptsache nicht mehr der einzelne Posten bereit liegender Ware verkauft, sondern nur noch nach Probe gehandelt. Doch ist ihr Charakter als lokaler Markt für den Effektivumsatz einheimischer Krescenz insofern nicht rein erhalten, als die Gewissheit, dort regelmässig einen Teil ihrer Kunden zu treffen, teilweise auch den Grosshändler veranlasst, den Fruchtmarkt zu besuchen, um i h r e Geschäfte dort abzuschliessen. Namentlich in Mannheim, wo er jetzt Montags mittag stattfindet, vollzieht sich auf ihm ein beträchtlicher Teil des Absatzverkehrs der Grosshändler.

Wenig mehr, als das direkt im Lande geerntete Getreide, kommt die übrige deutsche Krescenz für den Mannheimer Handel in Frage. Am ehesten noch Getreide aus dem nordwestlichen Deutschland, soweit es bequem rheinaufwärts verschifft werden kann. Solches wird auch ziemlich regelmässig in den Kursen notiert. Ostelbisches Korn ist unter normalen Verhältnissen in Mannheim kaum Handelsobjekt. Nur die Zollpolitik der letzten zwanzig Jahre, auf die wir in diesem Zusammenhang noch kurz eingehen müssen, hat es zeitweise allerdings dazu gemacht.

Dritter Teil.

Die Zollverhältnisse und ihr Einfluss auf den Mannheimer Getreidehandel.

A. Geschichtliche Entwicklung der Getreide-Schutzoll-Gesetzgebung und ihre wirtschaftlichen Konsequenzen.

Die elementaren Thatsachen der früheren Entwicklung sind ja notorisch, sodass wir sie nur kurz zu rekapitulieren brauchen. Den Hauptanstoss zur Inaugurierung der Schutzzoll-Aera für Getreide gab bekanntlich der Umstand, dass die gewaltigen Getreidemassen, welche — seit Beginn der sechsziger Jahre etwa — ein Teil des Auslands als überreichen Ertrag jungfräulichen Bodens und günstiger Produktionsbedingungen vermittelst der verbesserten Transportbedingungen (besonders nach Uebergang der Seeschiffahrt vom Segel- zum Dampf-Betrieb) zur Verwertung auf den Weltmarkt warf (anfangs Nordamerika, Russland, Ungarn, später Indien und die unteren Donauländer, neuerdings auch Argentinien), dort die Getreidepreise stark drückten und den Unternehmergewinn der unter ungünstigeren Verhältnissen produzierenden europäischen Grundbesitzer einschränkten, so dass der Ertrag des von ihnen zum Verkauf gebrachten Getreides in der That kaum mehr den einmal vorhandenen Produktionskosten und dem Prinzip der Rentabilität angemessen war. Da man von der inzwischen als irrig erwiesenen Annahme ausging, dass das im Ausland geübte Raubbausystem die Produktionskraft und damit die Marktgefahr jener neu erstandenen Konkurrenzländer in absehbarer Zeit lähmen müsse, so hielt man die nächstliegende einfache Massregel eines Schutzzolls, welcher den deutschen Produzenten die alten lohnenden Preise auf inländischem Markte während dieser kritischen Zeit gewährleisten sollte, für den natürlichsten Ausweg aus dem vorliegenden Dilemma. Es wurde deshalb ein solcher in Höhe von 1 Mark pro dz. Weizen und Roggen, $^1/_2$ Mark für Gerste und Hafer, 2 Mark für Mehl durch Gesetz vom 15. Juli 1879 eingeführt, und mit der steigenden Grösse der Gefahr unterm 20. Februar und 22. Mai 1885 auf 3 Mark resp. 1,50 resp. 7,50 Mark, unterm 21. Dezember 1887 auf 5 M. resp. 4 und 2,25 M. resp. 10,50 M. erhöht. Es zeigte sich jedoch bald, dass die gewählte Massregel nicht nur nicht den beabsichtigten Erfolg erzielte, sondern auch eine Reihe anderer Schwierigkeiten im Gefolge hatte, zu deren Beseitigung wiederholte weitere legislative Massnahmen erforderlich würden.

Man hatte sich die Konsequenzen des Schutzzollsystems zu einfach vorgestellt, wenn man annahm, es werde nunmehr schlechtweg das in Deutschland produzierte Getreide auf dem deutschen Markte um den Betrag des Schutzzolls teurer verkauft werden. Der Grund, dass dieser Erfolg nicht eintrat, lag teilweise in Verkehrsmitteln und Transportwegen, teilweise in der Qualität des deutschen Getreides. Schon vor Einführung des Zolls hatte sich nämlich die eigentümliche Erscheinung gezeigt, dass das Getreide aus den überproduzierenden Gebieten Deutschlands nicht in die unterproduzierenden abgeflossen war, sondern ins Ausland ging, und zwar das süddeutsche (namentlich bayrische) via Mannheim und München nach der Schweiz, auch Frankreich, das norddeutsche (namentlich ostelbische) via Königsberg, Danzig, Stettin nach England[1]), Holland-Belgien und Schweden-Norwegen, wäh-

---

[1]) Vor allem Mecklenburger und Holsteiner Ware. Hierhin exportierte auch na-

rend die übrigen Teile des deutschen Reiches vorwiegend ausländisches Importgetreide konsumierten. Die einleuchtendste Ursache hierfür war durch das Prinzip des rationellen Transports gegeben. Die Versendungskosten waren von den Ostseehäfen nach Rotterdam und London ziemlich gleich: ungefähr 7 M. pro t., so dass der Weitertransport via Rhein nach Mannheim nebst den Kosten der Spedition und Umladung auf das Rheinschiff in Rotterdam ein absolutes Plus von etwa 10 M. pro t. ergeben müssten, also den Vorteil des 1 M.-Zolls vollständig absorbierten. Eisenbahntransport aber konnte auf die fr. Entfernungen gar nicht in Frage kommen.

Wichtiger noch, weil von der Zollhöhe und den Transportrücksichten überhaupt nicht abhängig, war ein anderer Umstand. Bis in die Mitte des Jahrhunderts hatte man in Deutschland allenthalben den sogenannten roten Grannen-Weizen gebaut, — und wesentlich Weizen und Weizenmehl ist es, welches als Hauptkonsumtionsgetreideart des südlichen Europa hier in Frage kommt —, infolge der dann auftretenden Bestrebungen zur rationelleren landwirtschaftlichen Kultur war man, zumal mit der steigenden Konkurrenz des Auslandes immer entschiedener zur Pflege des sogenannten englischen weichen Weizens übergegangen, dessen Anbau heute völlig dominiert. Derselbe hatte nämlich den Vorzug, Dank grossen Stärkereichtums ergiebiger zu sein und eine relativ grössere Ausbeute von Mehl zuzulassen. Bei dem entsprechend geringeren Gehalt an Kleber, welcher in der harten rötlichen Kornschale sitzt, war jedoch seine Backfähigkeit an und für sich gering, er musste demnach behufs Verwendung für den Konsum mit Weizen entgegengesetzter Qualität, wie es Russland, Argentinien und Nordamerika erzeugt, gemischt werden; dieses Mischgetreide war dann wertvoller und erzielte höhere Preise, als das nur aus inländischem Getreide erzeugte. In diesem »Veredlungsverkehr« beruhte das Hauptübergewicht der deutschen exportierenden Ostseehäfen über die russischen, während der Mannheimer Grosshandel, der ja fast ausschliesslich importierte und nur nach der Schweiz Export- und Transithandel war, das nötige Mischungsverfahren dem Müller überliess. Dieser »Veredlungsverkehr« fiel für den norddeutschen Weizen nunmehr fort. Derselbe suchte jetzt Absatz auf dem inländischen Markte in Konkurrenz einerseits mit dem — ebenfalls kleberarmen — Weizen süddeutscher

mentlich die Wetterau, Kurhessen, die Kölner Gegend.

Provenienz, andererseits mit dem kleberreichen aber künstlich im Preise gesteigerten überseeischen Getreide; früher in Mannheim kaum dem Namen nach bekannt, wurde er jetzt — seit 1885 etwa — regelmässig an der Mannheimer Börse notiert und gehandelt. Die so erzeugte vollständige Verschiebung der natürlichen Markt- und Verkehrsverhältnisse schädigte zunächst die süddeutsche Landwirtschaft, soweit diese Weizen baute. Aber auch der Mannheimer Importhandel wurde dadurch insofern geschädigt, als das norddeutsche Getreide ihm namentlich in den nördlichen Teilen seines Absatzgebietes (Bayern, Hessen, Württemberg) starke Konkurrenz machte und durch direktes Angebot seitens des Produzenten oder norddeutschen Händlers selbst die Mannheimer Vermittlung dabei noch grösstenteils ausgeschaltet wurde. Auf der anderen Seite blieben die Ueberschüsse gewisser Regionen von Bayern, Württemberg, Südbaden, die sonst nach der Schweiz exportiert waren, im Lande und belasteten die südlichen Teile des Absatzgebietes, — denn in demselben Masse, wie der Zoll ein Schutz gegen die Einfuhr war, war er ein absolutes Hindernis für die Ausfuhr. Da aber die deutsche Ernte den Konsumbedarf doch nicht völlig zu decken im Stande war, so drängte sich das Geschäft des Mannheimer Importeurs mit besonderer Stärke in die Frühjahrsmonate zusammen, während es die übrige Zeit über ziemlich flau blieb. Hierdurch einerseits und durch die zollmässige Preiserhöhung des Getreides um zuletzt ein volles Drittel des Weltmarktpreises wurde eine starke Tendenz zur weiteren Kapitalkonzentration geschaffen. Es »leuchtet ohne Weiteres ein«, berichtet die Handelskammer[1]), dass, wie auch die Erfahrung gezeigt hat, der Getreidehandel heute ein weit höheres Kapital erfordert, als im Beginn der Zollära, und sich in der Hauptsache, soweit er Eigenhandel ist, in den Händen einer verhältnismässig beschränkten Anzahl sehr kapitalkräftiger Häuser konzentrieren musste, welche den gestiegenen Anforderungen zu genügen in der Lage waren«.

Die Wirkungen der deutschen Zollgesetzgebung auf den Getreidehandel zeigen also in Mannheim ein wesentlich anderes Bild, als in den norddeutschen Getreidehäfen. Während in diesen der Getreidegesamtverkehr offenbar eine Einbusse erleidet und ihr Uebergewicht über die russischen Häfen durch Fortfallen

---

1) H.K. 1896 I, p. 276.

des Veredlungsverkehrs niedergeht, schreitet die quantitative Entwicklung des Mannheimer Handels — von einem schwachen Rückschritt in 1880 abgesehen — unaufhaltsam fort und geht Hand in Hand mit einer stärkeren Zusammenballung des darin investierten Handelskapitals. Verstärkt wurde diese ganze Entwicklung dadurch, dass sich einmal auf dem Gebiete des Mehlhandels ganz dieselben Verhältnisse geltend machten, andrerseits dadurch, dass zur Erleichterung des einheimischen Absatzes durch preussische Ausnahms-, seit 1891 Staffeltarife der nordostdeutschen Landwirtschaft und Mühlenindustrie die Versendung ihrer Produkte auch auf dem Landwege nach dem Süden rentabel gemacht wurde.

Leider entsprachen aber die positiven Erfolge der einschlägigen Gesetzgebung keineswegs den negativen, und die Erwartungen, welche man in jenen Kreisen darauf gesetzt hatte, wurden grossenteils enttäuscht. Wir erwähnten schon, dass der beträchtliche Zuschlag zu den bisher in Frage kommenden Transportkosten einen grossen Teil der durch den Zoll bewirkten Preiserhöhung absorbierte. Dazu kam aber, dass auf dem deutschen Markt das einheimische Getreide, das unvermischt unverwendbar war, und bei zweckentsprechender Mischung mit ausländischem preisdrückende Ueberschüsse innerhalb Deutschlands darstellte, im Süden nur sehr widerwillige Aufnahme fand. So kam es, dass an der Mannheimer Börse auch unter den höchsten Zollsätzen norddeutsches Getreide immer noch mit einer Differenz zwischen 1 und 2 Mark unter russischem notiert wurde, während es in England in der Regel beträchtlich höhere Preise als jenes erzielt hatte. Eine noch nachteiligere Folge aber war, dass die früheren Absatzländer des norddeutschen Weizens jetzt, wo der Export desselben auf ein Minimum sank, sich neue Bezugsquellen suchten, deren Erträge nunmehr Dank dem Fortfall der bisherigen Konkurrenz in diesen Gebieten festen Fuss fassten und für die Zukunft schwer wieder zu verdrängen sein werden.

Wohl den grössten Schaden hatte anfänglich die deutsche Mühlenindustrie, die stark für den Export arbeitete, und für welche man daher — ebenso wie für den ihre Interessen in dieser Hinsicht teilenden deutschen Transithandel — besondere Schutzmassregeln, jedoch in wenig zweckmässiger Weise, getroffen hatte. Es ist klar, dass sowohl der Grosshändler, der Getreide ausführt, welches er vorher eingeführt hat, als der Grossmüller, der Mehl ausführt, welches ganz oder zum Teil aus importiertem Getreide hergestellt ist, den schwersten und ungerechtesten Schaden erleiden würden, wenn sie ohne weiteres den vollen Einfuhrzoll erlegen müssten. Sie würden eben auf dem Weltmarkt schlechtweg konkurrenzunfähig werden, und die Vernunft erfordert, sie in diesem Fall von der Zollpflicht zu befreien. Dies ist nun sehr einfach, wenn es sich wirklich nur um verkehrstechnische Durchfuhr durch das Reichsgebiet handelt; dann wird an der Grenze von der Zollbehörde eine Zollplombe an Schiff oder Waggon angelegt und das Getreide passiert zollfrei bis zur anderen Grenze. Schwieriger aber ist die Lage in dem Fall der mittelbaren Durchfuhr, der die Regel bildet, wenn der fr. Getreideposten Wochen, vielleicht Monate lang im Inlande lagern muss, wenn er einem Reinigungs-, Mischungs- oder Konservierungs-Verfahren unterworfen ist oder gar — gemischt oder ungemischt — verarbeitet und erst als Mühlenfabrikat wieder exportiert wird.

B. Gesetzgeberische Massnahmen zur Paralysierung der entstehenden Nachteile (Transitlager, Mühlenkonten).

Für die hier in Frage kommenden Schutzmassregeln gegen unberechtigte Zollzahlung kommen zolltechnisch zwei Möglichkeiten in Betracht. Entweder man fertigt dem Importierenden bei der Zollzahlung eine Bescheinigung aus, woraufhin er bei Wiederausfuhr den gezahlten **Betrag zurückfordern** kann, oder man richtet sogenannte **Transitläger** ein, auf denen Materialien, die zur Wiederausfuhr bestimmt sind, bis zu dieser (die dann gewöhnlich innerhalb bestimmter Frist zu erfolgen hat), getrennt von anderen Gütern unter Aufsicht der Zollbehörde zollfrei lagern können. In beiden Fällen ist die Absicht darauf gerichtet, dass die Identität des ein- und ausgeführten Objekts, sowie der ein- und ausführenden Personen gewahrt bleibt und nachweisbar ist.

Von der ersterwähnten Methode, den Zoll in jedem Fall bar zahlen zu lassen und ihn später event. zurückzuerstatten, glaubte man mit Recht abschen zu müssen, da dieselbe eine ungerechtfertigte Beschwerung des Transithandels und ausserdem zolltechnisch unnötige Arbeitsverschwendung darstellte. Man knüpfte vielmehr an die §§ 108 ff. des Vereinszollgesetzes vom 1. Juli 1869 über Privatläger und fortlaufende Konten (XIII. B und C) an und übertrug deren Prinzipien auf Getreide- und Mühlenfabrikate. So entstand denn in den Beratungen über das Zolltarifgesetz der Antrag *Varnbüler* über Transitläger, der als § 7 in das genannte Gesetz aufgenommen wurde und in den wesentlichen Teilen folgendermassen lautete [1]):

1) Für die in Nr. 9 des Tarifs (Getreide etc.) aufgeführten Waren, wenn sie ausschliesslich zum Absatz ins Zollausland bestimmt sind, werden Transitläger ohne amtlichen Mitverschluss, in welchen die Behandlung und Umpackung der gelagerten Ware uneingeschränkt und ohne Anmeldung und die Mischung derselben mit inländischer Ware zulässig ist, mit der Massgabe bewilligt, dass bei der Ausfuhr dieser gemischten Ware der in der Mischung enthaltene Prozentsatz von ausländischer Ware als die zollfreie Menge der Durchfuhr anzusehen ist. Für Waren der bezeichneten Art, welche zum Absatz entweder in das Zollausland oder in das Zollinland bestimmt sind, können solche Transitläger bewilligt werden.

. . . .

3) Für Mühlenfabrikate wird eine Erleichterung dahin gewährt, dass bei der Ausfuhr der Eingangszoll für das ausländische Getreide nach dem Prozentsatz des zur Herstellung des Fabrikates zur Verwendung gelangten ausländischen Getreides nachgelassen wird. Dabei soll für die bescheinigte Ausfuhr an Mehl eine dem Ausbeuteverhältnis entsprechende Gewichtsmenge an ausländischem Getreide zollfrei gelassen werden.

Ueber das hierbei in Rechnung zu stellende Ausbeuteverhältnis trifft der Bundesrat Anordnung.«

Ebendemselben wurden auch die weiteren Anordnungen und Ausführungsbestimmungen überlassen.

Es wurden auf diese Weise also zwei Arten von Privat-Transitlägern für Getreide geschaffen, die sog. »reinen«, welche einfach ein Stück fingiertes Zollausland darstellen und deren Errichtung obligatorisch ist, und die sog. »gemischten«, deren Einrichtung an bestimmten Handelsplätzen von dem lokalen Bedürfnis abhängig ist und nach Ermessen des Bundesrates gestattet wird. Ein solches Bedürfnis soll aber nur dann als vorliegend anerkannt werden, »wenn nach den Büchern des Gewerbtreibenden der Umfang des von ihm betriebenen Getreidetransitgeschäftes ohne den Besitz eines solchen Lagers [2]) voraussichtlich eine wesentliche Ein-

---
[1]) Reichsgesetzblatt 1879, p. 210.
[2]) § 14 des Regulativs.

schränkung selbst unter der Voraussetzung erfahren würde, dass ihm ein reines Transitlager bewilligt wäre.« Der Bundesrat erliess dann unterm 13. Mai 1880[1]) die Regulative für Privattransitläger und Mühlenkonten, und bewilligte die Errichtung von Transitlägern für im ganzen 36 deutsche Städte, von denen nur zwei (Tilsit und Düsseldorf) von der ihnen eingeräumten Erlaubnis keinen Gebrauch machten, während 19 unmittelbar nach Erlass der fr. Gesetze die Genehmigung fruktifizierten, darunter auch Mannheim mit nicht weniger als 25 Privattransitlägern. Die Funktion dieser Läger ist klar: Es kann in dieselben inländisches und ausländisches Getreide, letzteres unverzollt, gebracht, darauf gemischt und anderweitig behandelt werden, und ist lediglich die aus der obligatorischen Register- und Buchführung sich ergebende Differenz des auf Lager gebrachten und des davon exportierten ausländischen Getreides in bestimmten Perioden zu verzollen. Es findet somit eine Zollkreditierung für eine Maximalfrist statt, innerhalb deren der Besitzer sich entscheiden kann, ob er das ausländische Getreide — gemischt oder ungemischt mit inländischem — im Inlande absetzen und verzollen oder unverzollt reexportieren will.

C. Wirtschaftliche Folgen und weitere gesetzliche Massregeln.
(Aufhebung des Identitätsnachweises für Mehl.)

Trotz aller angewandten Sorgfalt bei Beratung und Fixierung der einschlägigen Bestimmungen ergab sich aber alsbald, dass diese neu geschaffenen Zustände doch eine Reihe bedenklicher Missstände zeitigten, die wir oben bereits angedeutet haben und auf deren Abstellnng man bedacht sein musste. Die augenfälligste Benachteiligung erlitt die Müllerei, und zwar in ganz Deutschland ohne Unterschied; einmal durch den § 11 des Regulativs, welcher das Ausbeuteverhältnis mit 80 kg Mehl bei Weizen und 75 kg bei Roggen entschieden zu hoch angesetzt hatte. Ausserdem aber sprang in die Augen, dass die Konkurrenzfähigkeit der deutschen Exportmühlen auf dem Weltmarkt[2]) auch durch die Fassung des oben citierten § 7 Ziffer 3 des Zolltarifgesetzes vom 15. Juli 1879 empfindlich geschädigt wurde. Da nämlich Getreidemischung, wie wir gesehen haben, in bestimmtem Massstabe unumgängliches Er-

---

1) Zentralblatt für das deutsche Reich 1880, p. 300 ff.

2) Die Stärke dieser Schädigung lässt sich daran ermessen, dass der Betrag des deutschen Mehlexportes von mehr als 200 000 t. in 1879 auf 80 000 t und 50 000 t in den beiden folgenden Jahren sank.

fordernis der Verarbeitung war, die Müller also neben dem zollfrei bleibenden Auslandsgetreide stets ein bestimmtes Quantum des durch den Zoll im Preis gesteigerten Inlandsgetreides mit vermahlen und exportieren mussten, so steigerten sich ihre Produktionskosten nach Proportion des Mischverhältnisses um den Zollbetrag und es erschien nur als eine Forderung der Gerechtigkeit, die formale durch die materiale Zollbefreiung zu ersetzen, d. h. auch für den Bruchteil des notwendigerweise im Mehl mit exportierten Getreides den Betrag der darin bezahlten Zollerhöhung zu erstatten. Dies war aber nur möglich, wenn man mit dem bisher festgehaltenen Prinzip brach und grundsätzlich an Stelle des Identitätsnachweises den Acquivalentnachweis setzte. Es war dies ein Modus, der sich umsomehr empfahl, als von Anfang an die Berechnung des sog. »Rendement«, d. h. des Verhältnisses, in welchem in- und ausländisches Getreide quantitativ im Mühlenfabrikat enthalten war, grosse Schwierigkeiten und Belästigungen ergeben hatte. Unter dem Eindruck dieser unleugbaren Thatsachen, nahm denn der Reichstag, nachdem er bereits am 14. Mai 1881 [1]) das Ausbeuteverhältnis um je 5 % herabgesetzt hatte, am 23. Juni 1882 einen — vom Reichskanzler auf Antrag der Abg. Graf Stolberg-Kastenburg, v. Heeremann, v. Kardorff, Richter vorgelegten — Gesetzentwurf an, welcher besagte:

»An Stelle des § 7 Ziffer 3 des Gesetzes vom 15. Juli 1879 tritt folgende Bestimmung:

Den Inhabern von Mühlen wird für die Ausfuhr der von ihnen hergestellten Mühlenfabrikate eine Erleichterung dahin gewährt, dass ihnen der Eingangszoll für eine der Ausfuhr entsprechende Menge des zur Mühle gebrachten ausländischen Getreides nachgelassen wird. Der Ausfuhr der Mühlenfabrikate steht die Niederlegung derselben in eine Zollniederlage unter amtlichem Verschluss gleich. Ueber das hierbei in Rechnung zu stellende Ausbeuteverhältnis trifft der Bundesrat Bestimmung. Das zur Mühle zollamtlich abgefertigte ausländische, sowie auch sonstiges Getreide, welches in die der Steuerbehörde zur Lagerung des erstbezeichneten Getreides angemeldeten Räume eingebracht ist, darf in unverarbeitetem Zustande nur mit Genehmigung der Zollbehörde veräussert werden«.

D. **Folgen des neuen Zustandes für die Mühlenindustrie.**

Hiermit glaubte man die vorhandenen Missstände gänzlich ge-

---
[1]) Zentralblatt f. d. deutsche Reich 1881, p. 179.

D. Folgen des neuen Zustandes für die Mühlenindustrie.

hoben zu haben; dies war aber nicht der Fall, man hatte vielmehr nur zu Gunsten eines Teiles der Interessenten den anderen geschädigt und zwar durch folgende Konsequenzen.

Wo einer auf Export angelegten Industrie die Ausfuhrmöglichkeit durch irgendwelche Ursachen verschlossen wird, ist die regelmässige Folge, dass deren prekäre Lage die Konkurrenz auf dem einheimischen Markte zum schärfsten Ausbruch treibt. Deshalb war die Folge des Zollgesetzes in seiner alten Fassung gewesen, dass die grossen norddeutschen Handelsmühlen, welche — sehr günstig an den Mündungen oder Unterläufen der grossen deutschen Ströme und gleichzeitig im Herzen der deutschen Kornquellen gelegen, — bisher vorwiegend für den Export gearbeitet hatten, jetzt die süddeutschen Mühlen, die fast nur[1]) für den inländischen Konsum produzierten, in ihren Absatzgebieten ebenso mit Mehl überschwemmten, wie die norddeutschen Landwirte den süddeutschen Getreidehandel. Die süddeutschen Mühlen waren in einer um so schlimmeren Situation, als sie bei der Lage der Dinge sich ebenfalls auf überwiegende Verarbeitung norddeutschen Getreides angewiesen sahen, dieses sogar teurer und das ausländische nicht billiger als ihre Konkurrenten beziehen konnten, also bei gleichen oder wenig höheren Preisen nicht einmal bessere und beliebtere Qualität produzieren konnten.

Man hatte in diesen Kreisen Abhilfe auch hierin von der vorgedachten Abänderung des Zollgesetzes erhofft, aber, wie man sich bald überzeugen konnte, mit Unrecht. Die Möglichkeit des Exportes selbst kam für sie, wie schon erwähnt, wenig oder gar nicht in Frage; dagegen wurde die Produktion für den Weltmarkt seitens 'der norddeutschen Mühlen hierdurch nicht nur wieder ermöglicht, sondern jetzt sogar ein höchst einträgliches Geschäft. Der Müller durfte ja nunmehr für alles ausgeführte Mehl, zu wie grossem Prozentsatz es auch aus inländischem Getreide bestand, das durch den Rendementsatz gegebene Verbrauchsquantum Getreide zollfrei einführen resp. sich nach vollem Zollbetrag vergüten lassen. Da nun aber, wie bereits dargelegt wurde, das deutsche Getreide auf dem inländischen Markt niedrigere Preise erzielte, als der Zollschutz theoretisch indizieren müsste, so lukrierte er bei jedem Export eine bare Differenzprämie, deren Wert mit der Zollerhöhung 1885 und 1887 sich verdrei-

---

1) Die einzige Ausnahme bilden die wenigen nahe der Schweizer Grenze gelegenen grossen Handelsmühlen.

fachte und verfünffachte, und ihn in den Stand setzte, sein Mehl mit Gewinn billiger als ehedem anzubieten.

Das half ihm zunächst das Ausland grösstenteils wieder erobern, trotzdem die ehemaligen Absatzgebiete bereits stark besetzt waren. Es hatte nämlich einmal die dortige einheimische Mühlenindustrie, auf welche die deutsche Gesetzgebung schutzzollähnlich wirkte, die Lage benutzt, ihre Technik stark zu vervollkommnen; sodann aber hatten die österreich-ungarischen Mühlen, für deren bei uns sehr beliebtes Weizenmehl Deutschland bisher Hauptabnehmer gewesen, durch die neue Wirtschaftspolitik ihnen aber verschlossen worden war, ihre Erträge massenhaft in die aufnahmefähigen verlassenen Absatzgebiete Norddeutschlands ausgeströmt und zwar via Mannheim.

Die günstigen Exportverhältnisse, die jetzt geschaffen waren, hatten aber auch noch einen weiteren Erfolg. Diejenigen Mehlsorten, welche in den traditionellen Absatzgebieten die beste Aufnahme fanden, sind einerseits die ganz feinen und andrerseits zum Teil die geringeren, für Futterzwecke u. dgl. zu verwendenden. Die Mittelsorten sind im allgemeinen besser für den deutschen Konsum anzuwenden, der für jene gerade relativ schlechte Preise zahlt. Diese überaus lukrativen Absatzverhältnisse machten es nun dem norddeutschen Müller möglich, auch nach Wiedereröffnung der Ausfuhrproduktion gerade in den für Deutschland massgebenden Mehlsorten weiter mit den süddeutschen Berufskollegen zu konkurrieren, sein neugewonnenes inländisches Absatzgebiet festzuhalten und sogar zu vergrössern. Der süddeutsche Müller musste seine feinen und geringen Mehlsorten Mangels Ausfuhrmöglichkeit unter dem normalen Preise losschlagen und in den mittleren eine Konkurrenz aushalten, deren Gefährlichkeit mit der Zollhöhe stieg und sich auch absolut vergrösserte, da in Norddeutschland jetzt zahlreiche, speziell auf die Konjunktur zugeschnittene »Exportmühlen« neu entstanden.

Diese Zustände hatten den Erfolg, den gewöhnlich eine scharfe Konkurrenz innerhalb der Grossindustrie zu haben pflegt: Aufsaugung der Kleinindustrie. Noch 1882 und 1883 hatte die Mannheimer Handelskammer berichten können, dass die Mühlenindustrie ihres Bezirkes von relativ geringer Bedeutung sei, indem — Dank den günstigen oreographischen Verhältnissen des Landes und dem stark kleinbäuerlichen Charakter desselben — die Wassermühlen als kleine Kundenmühlen mit 1—3 Arbeitern verhältnismässig grosse Ausdehnung behalten hätten. Ganze Industriecentren solcher Art existierten, z. B. in Schriesheim bei Heidelberg, Handschuchheim etc., dann in der Pfalz bei Neustadt (am Haardt) etc. Diesen beginnen jetzt unter dem Zwang der seit 1884 immer stärker fühlbar werdenden norddeutschen Konkurrenz die süddeutschen Mehlfabriken das einheimische Feld streitig zu machen. Mit der Mitte der achtziger Jahre beginnt der Rückgang der badisch-pfälzischen Wassermühlen vor den aufblühenden, teils an der Eisenbahn, teils an der Rheinstrasse gelegenen städtischen Dampfmühlen. Auch hier endete, wie schon vorher im Brauereigewerbe, der Kampf zwischen den Gross- und Kleinbetrieben mit dem Niedergang, — teilweise schon in sehr kurzer Zeit (in Heidelberg z. B. schon Ende der achtziger Jahre) mit dem völligen Erlöschen — der letzteren, namentlich dort überall, wo sie als Handelsmühlen fungierten. Dort, wo sie als vereinzelte Kundenmühlen den lokalen Bedarf des platten Landes befriedigen, halten sie sich vorläufig, wenigstens noch so lange als, und in jenen Bezirken, wo nennenswerter Anbau von Brotgetreide ihnen genügenden Verdienst garantiert. Bei dem stets zunehmenden Bau von Handelspflanzen — schon heute wird in der Mehrzahl der badischen Bezirke Brotkorn in beträchtlichen Mengen zugekauft — dürfte wohl auch dort die Konkurrenz der Mehl verkaufenden Handelsmühlen ihrer Existenz in absehbarer Zeit ein Ende bereiten. Charakteristisch ist, dass die beiden Riesen-Etablissements zu Mannheim und Ludwigshafen erst aus der Zeit nach dem mehrfach erwähnten Gesetz stammen.

E. Aufhebung des Identitätsnachweises auch für Getreide.

Die ganze Lage, die wir zu skizzieren versuchten, wurde noch verschärft, als durch preussisches Gesetz vom 1. Sept. 1891 der Notstandstarif für Getreide und Mühlenfabrikate eingeführt wurde, um den norddeutschen Landwirten die Vorteile zuzuwenden, die man, wie wir oben auseinander setzten, durch die blosse Zollgesetzgebung nicht in dem erwarteten Umfange hatte erzwingen können.

Seitdem setzte deshalb in den benachteiligten Interessentenkreisen eine Bewegung, welche sich schon um die Zeit der Zollerhöhungen geltend gemacht hatte, mit verstärkter Wucht ein. Dieselbe lief darauf hinaus, den Zollschutz für die deutsche Landwirtschaft auf eine solche Weise umzugestalten, dass ihr einerseits auch wirklich die volle Wohlthat des Zolls zu teil werde, ohne dass sie andererseits mit ihren Erzeugnissen — rohen oder verarbeiteten — den süddeutschen Markt zum Schaden der dortigen Produzenten belaste. Als Mittel dazu empfahl man, das Gesetz vom 15. Juli 1879 in der analogen Weise, wie für Mehl, auch für Getreide zu korrigieren, indem man durch Aufhebung des Identitätsnachweises die Zollerstattung, resp. den Zollerlass von den in Frage stehenden individuellen Posten Getreide loslöste und nur das Erfordernis gleicher Art und Menge festhielt, also den Begriff der Fungibilität auch in die Zolltechnik einführte. Dann würde das deutsche Getreide, ebenso wie seit 1882 das deutsche Mehl, seine alten lohnenden Absatzgebiete wieder aufsuchen, dort relativ bessere Preise erzielen und dem Produzenten den vollen Zollbetrag zukommen lassen; die Ostseehäfen könnten den Veredlungsverkehr wieder aufnehmen, die norddeutschen Exportmühlen ihr unberechtigtes Monopol des Austausches deutschen Getreides gegen ausländisches verlieren und damit der süddeutsche Mehl- und Getreidemarkt von einer zugleich geringwertigen und doch siegreichen Konkurrenz entlastet werden. Es wird durch Einführung dieser Abänderung des Zollgesetzes allerdings dem Schutzzoll der Nimbus genommen, dass vermittelst seiner Konsequenzen Deutschland seinen Konsumbedarf an Getreide aus eigener Krescenz zu decken und »sich vom Ausland unabhängig zu machen« veranlasst werde, und der Zoll stellt sich nackter wie zuvor als eine bare Unterstützung der zur Zeit nicht genügend konkurrenzfähigen Landwirte dar. Aber da, wie wir sahen, dies Ideal wegen der eigentümlichen Qualitätsverhältnisse des deutschen Wachstums so wie so utopischer Natur ist, so konnte diese Rücksicht kaum ernstlich als Gegengrund einer so allgemein wünschenswert scheinenden Massnahme angesehen werden.

Ernster waren die materiell-wirtschaftlichen Gründe, welche von einigen Interessentenkreisen dagegen geltend gemacht wurden. Dieselben befürchteten, dass die Aufhebung des Identitäts-Nachweises ebenso wie die vorhergehenden zollpolitischen Eingriffe in das Wirtschaftsleben den erhofften Erfolg nicht oder nur sehr teilweise erzielen, möglicherweise gar neue Missstände im Gefolge haben würden. Die Mühlenindustriellen, besonders die norddeutschen, besorgten infolge der beabsichtigten Zunahme des Exports von Rohmaterial Zurückgang des Mehlexports, zumal ihre

Absatzgebiete grossenteils noch von der oben erwähnten Konkurrenz bedroht waren, daneben natürlich auch Schmälerung ihrer bisherigen Monopolprofite, und sagten verstärkten Konkurrenzkampf gegen die kleinen Mühlen innerhalb Deutschlands voraus. Die süddeutschen Müller und Landwirte fürchten eine eventuelle Verstärkung statt Abschwächung der Konkurrenz, insofern letztere versuchen würde, nunmehr mittelst gemischten Getreides und Mehls die eroberten südlichen Absatzgebiete festzuhalten. Politiker fürchteten Herabdrückung des deutschen Konsums hinsichtlich der Qualität, weil der Handel versucht sein könnte, gute Inlandsware aus- und schlechte Auslandsware einzuführen, während andere aus der gerade umgekehrten Manipulation Schädigung der fiskalischen Zolleinnahmen erwarteten. Norddeutsche Agrarier endlich besorgten, dass der Grosshandel allein sich der ihnen zugedachten Vorteile bemächtigen würde, indem die Berechtigungsscheine als Börsenpapiere gehandelt werden würden, wobei Importeur und Exporteur sich den Profit teilen, resp. als ein und dieselbe Person allein einstecken und dem Landwirt keinen oder nur einen sehr mässigen Gewinn lassen würden. Diese mannigfachen und teilweise plausiblen Warnungen und die unleugbare Ungewissheit, ob die Folgen der projektierten Gesetzesänderung sich nach Wunsch gestalten würden, hatten bislang bewirkt, dass trotz wiederholter Anträge in verschiedener Form die Regierung sich nicht hatte zur Realisierung des Projektes entschliessen können. So war schon 1879 der Antrag des Abg. Rickert-Danzig [1]):

»Für das zur Durchfuhr deklarierte Getreide wird ein Eingangszoll nur insoweit entrichtet, als dasselbe zum Verbrauch im Inlande gelangt und nicht durch eine gleiche Menge zur Ausfuhr gebrachten inländischen Getreides ersetzt wird«
vom Reichstag abgelehnt worden und eine Wiederholung desselben bei der ersten Erhöhung der Zölle (Reichstagssitzung vom 15. Mai 1885)[2]) hatte denselben Misserfolg. Sein Schicksal teilte ein von den Abg. Heeremann, Hoffmann-Königsberg und Rickert eingebrachter Antrag, welcher in modifizierter Form folgendermassen lautete[3]):

»§ 7 No. 1 des Zolltarifgesetzes vom 15. Juli 1879 wird durch

---

1) Drucksachen zu d. stenogr. Ber. über d. Vhdl. d. deutsch. Reichst.; 1879 IV Nr. 191. Stenogr. Ber. etc.; 1879 p. 1375 ff., 1431 ff.
2) Drucksachen 1884/85 Nr. 397, 420.
3) Drucksachen 1887 Nr. 199.

folgende Bestimmung ersetzt:
Für die in No. 9 des Tarifs aufgeführten Waren werden Transitläger ohne amtlichen Mitverschluss, in welchem die Behandlung und Umpackung der gelagerten Ware uneingeschränkt und ohne Anmeldung und die Mischung derselben mit inländischer Ware zulässig ist, mit der Massgabe bewilligt, dass die Zollentlastung des Transitlagers für den Inhaber desselben bezüglich derjenigen Menge stattfindet, für welche von ihm der Nachweis einer Ausfuhr inländischen oder ausländischen oder aus beiden gemischten Getreides aus demselben innerhalb einer vom Bundesrate zu bestimmenden Frist erbracht wird.«

Gegen den Antrag wurde mit Recht geltend gemacht, dass die mittelst des Privattransitlagers festgehaltene Identität der ein- und ausführenden Person Handelsverhältnisse voraussetze, die nur an wenigen der interessierten Handelsplätze vorlägen. Diesen Uebelstand suchte ein Antrag Graf Stolberg-Wernigerode, von Schlieckmann, Graf Behr-Behrendorff, v. Kardorff zu vermeiden, indem er proponierte, von dem Reichskanzler einen Gesetzentwurf zu verlangen, »nach welchem

1. bei Ausfuhr von Getreide, sowie von Mehl und Mühlenfabrikaten (nach dem gesetzlich bestimmten Ausbeuteverhältnis berechnet) der Zoll vergütet wird, welcher bei der Einfuhr der betreffenden Getreideart zu zahlen sein würde,

2. die zollfreien Transitläger auf die Seeplätze beschränkt werden«[1]).

Derselbe bedeutete aber wieder eine Monopolverleihung an die norddeutschen Hafenstädte, die allein aus der vollen Lösung des Kausalzusammenhanges zwischen Einfuhr und Ausfuhr beträchtlichen Nutzen ziehen könnten. Einen vermittelnden Weg schlug der Antrag Ampach und Genossen [2]) ein, welcher hinter Abschnitt 1 des § 4 fr. Gesetzes einschieben wollte:

»Für die in No. 9 a, b, c des Tarifs (Getreide etc.) aufgeführten Waren werden bei der Ausfuhr übertragbare **Einfuhr-Vollmachten** mit der Massgabe erteilt, dass dem Inhaber derselben der Eingangszoll für eine gleiche Menge gleichartiger Ware innerhalb einer vom Bundesrat zu bestimmenden, auf mindestens sechs Monate festzusetzenden Frist nachgelassen wird. Der Ausfuhr der Ware steht die Niederlegung derselben in eine Zollniederlage unter amtlichem Verschluss gleich.«

---
1) Drucksachen 1887, Nr. 223.
2) Drucksachen 1887/88 Nr. 102.

Gegen letzteren wurden namentlich Bedenken laut, ob das System der Einfuhrvollmachten nicht allerlei — oben schon skizzierte — Missstände im Gefolge haben werde. Nach eingehender Beratung wurde er ebenfalls verworfen, und mit ihm ein Amendement, nach welchem der Zoll bar gezahlt und bei der Ausfuhr wieder zurückbezahlt werden sollte. Doch fasste der Reichstag eine Resolution, wonach er von den verbündeten Regierungen fortgesetzte Behandlung der vorliegenden Frage und Vorlegung eines diesbezüglichen Gesetzentwurfes erwarte und wünsche.

In Beziehung auf diese Resolution brachte dann die Regierung im Jahre 1894[1]) eine Vorlage ein, die in ihren wesentlichen Punkten folgendermassen lautete:

»Die Vorschriften in § 7, Ziffer 1, 3 und 4 des Zolltarifgesetzes vom 15. Juli 1879 ... werden durch folgende Bestimmungen ersetzt:

1. Bei der Ausfuhr von Weizen, Roggen, Hafer, Hülsenfrüchten, Gerste, Raps und Rübsaat aus dem freien Verkehr des Zollinlandes werden, wenn die ausgeführten Menge wenigstens 500 kg beträgt, auf Antrag des Warenführers Bescheinigungen [Einfuhrscheine] erteilt, welche den Inhaber berechtigen, innerhalb einer vom Bundesrate auf längstens sechs Monate zu bemessenden Frist eine dem Zollwert der Einfuhrscheine entsprechende Menge der nämlichen Warengattung ohne Zollentrichtung einzuführen. Abfertigungen zur Ausfuhr mit dem Anspruch auf Erteilung von Einfuhrscheinen finden nur bei den vom Bundesrat zu bestimmenden Zollstellen statt. Für die vorbezeichneten Waren, wenn sie ausschliesslich zum Absatz in das Zollausland bestimmt sind, werden Transitläger ohne amtlichen Mitverschluss, in welchen die Behandlung und Umpackung der gelagerten Ware uneingeschränkt und ohne Anmeldung und die Mischung derselben mit inländischer Ware zulässig ist, mit der Massgabe bewilligt, dass die zur Ausfuhr abgefertigten Warenmengen soweit sie den jeweiligen Lagerbestand an ausländischen Waren nicht überschreiten von diesem Bestande abzuschreiben, im übrigen aber als inländische Waren zu behandeln sind.

Für Waren der bezeichneten Art, welche zum Absatz entweder in das Zollausland oder in das Zollinland bestimmt sind, können solche Läger mit der ferneren Massgabe bewilligt werden, dass die aus den Lägern zum Eingang in den freien

---
1) Drucksachen 1884 Nr. 209. 227.

Verkehr des Zollinlands abgefertigten Warenmengen, soweit sie den jeweiligen Lagerbestand an inländischer Ware nicht übersteigen, von diesem Bestande zollfrei abgeschrieben, im übrigen aber als ausländische Ware zu behandeln sind.

Für die sonstigen in der Nr. 9 des Tarifs aufgeführten vorstehend nicht erwähnten Waren, wenn sie ausschliesslich zum Absatz in das Zollausland bestimmt sind, werden Transitlager ohne amtlichen Mitverschluss, in welchen die Behandlung und Umpackung der gelagerten Ware uneingeschränkt und ohne Anmeldung und die Mischung derselben mit inländischer Ware zulässig ist, mit der Massgabe bewilligt werden, dass bei der Ausfuhr dieser gemischten Ware der in der Mischung enthaltene Prozentsatz von ausländischer Ware als die zollfreie Menge der Ausfuhr anzusehen ist.

Für Waren der bezeichneten Art u. s. w. wie oben.

Im Sinne der vorstehenden Bestimmungen steht die Aufnahme in eine öffentliche Niederlage oder in ein Transitlager unter amtlichem Mitverschluss der Ausfuhr gleich.

3. Den Inhabern von Mühlen oder Mälzereien wird für die Ausfuhr der von ihnen hergestellten Fabrikate eine Erleichterung dahin gewährt, dass ihnen der Eingangszoll für eine der Ausfuhr entsprechende Menge des zur Mühle oder Mälzerei gebrachten ausländischen Getreides nachgelassen wird. Der Ausfuhr der Fabrikate steht die Niederlegung derselben in eine Zollniederlage unter amtlichem Mitverschluss gleich.

Inhabern von Mühlen oder Mälzereien, welchen die vorbezeichnete Erleichterung gewährt ist, werden bei der Ausfuhr ihrer Fabrikate Einfuhrscheine (Ziffer 1) über eine entsprechende Menge Getreide erteilt, sofern sie diese Vergünstigung an Stelle des im Absatz 1 vorgesehenen Erlasses des Eingangszolls für eine der Ausfuhr entsprechende Menge zur Mühle oder Mälzerei gebrachten ausländischen Getreides beantragen.

4. Die näheren Anordnungen, insbesondere in Bezug auf die Formen der Einfuhrscheine, auf die Beschaffenheit (Mindestqualität) der mit dem Anspruch auf Erteilung von Einfuhrscheinen ausgeführten Waren und auf die an die Lagerinhaber zu stellenden Anforderungen trifft der Bundesrat.

Derselbe wird Vorschriften erlassen, durch welche die Bestimmung der Einfuhrscheine nach Massgabe ihres Zollwertes zur Begleichung von Zollgefällen für andere als die in den Ziff. 1 und

3 genannten Waren unter den von ihm festzusetzenden Bedingungen gestattet wird«[1]).

Diese Gesetzesvorlage wurde ziemlich allseitig mit Genugthuung begrüsst, einige Bedenken, die sich geltend machten, bald beschwichtigt. Von vielen Seiten war allerdings der Wunsch rege geworden, die Zollentlastung in Gestalt von Ausfuhrvollmachten, die bei der Einfuhr zu erteilen seien, herbeigeführt zu sehen[2]). Man glaubte jedoch, trotz mancher Vorzüge dieser Methode, davon absehen zu müssen, in Rücksicht darauf, dass durch dieselbe bei dem nun einmal vorhandenen starken numerischen Uebergewicht des Imports ein gefährliches spekulatives Moment von unberechenbaren Konsequenzen neu in den Getreidehandel hineingetragen werde. So hielt man an der Modalität des Regierungsentwurfes fest und derselbe wurde ohne wesentliche Abänderungen unter dem 4. April 1894[3]) Gesetz mit Gesetzeskraft vom 1. Mai d. J. Die Ausführungsbestimmungen, Regulative und Formulare publizierte der Bundesrat am 27. April 1894[4]).

F. Konsequenzen des neu geschaffenen Zustandes.

1) Aufhebung der Staffeltarife.

Während der Verhandlungen hatten sich jedoch zwei Strömungen entgegengesetzten Charakters geltend gemacht, dahingehend, dass die Annahme des oben citierten Gesetzes nunmehr andere in verwandter Absicht erlassene Bestimmungen früheren Datums überflüssig mache, deren Beseitigung, weil sie anderweit nur schädlich wirken könnten, jetzt eine Forderung der Gerechtigkeit sei.

Die eine wurde von den Vertretern des süddeutschen Handels, sowie auch der dortigen Müllerei und Landwirtschaft getragen; das Institut, dessen Beseitigung sie forderte, waren die im Jahre 1891 für Getreide und Mehl eingeführten Staffeltarife in Preussen. Wir entsinnen uns, dass dieselben bezwecken, den

---

1) Stenogr. Ber. 1894 p. 1641 ff.
2) Für diesen Modus hatte sich auch die Mannheimer Handelskammer in zwei Gutachten vom 23. u. 26. Januar 1894 auf Grund einer am 22. d. M. stattgehabten Interessentenversammlung ausgesprochen, nachdem sie nach 1890 [II.K. I p. 137] und 1891 [ib. I p. 159] den entgegengesetzten Standpunkt der nunmehrigen Gesetzesvorlage vertreten hatte.
3) Reichsgesetzblatt 1894.
4) Zentralblatt f. d. deutsche Reich 1894, Nr. 18.

preussischen Landwirten und Müllern den Absatz ihrer Erzeugnisse auf dem süddeutschen Markte zu erleichtern. Nachdem nun diese Eventualität ganz fortgefallen war und die Aufhebung des Identitätsnachweises den Absatz der norddeutschen Ware zielbewusst wieder in die alten ausserdeutschen Gebiete zu leiten sich bemühte, waren jene in der That vollständig überflüssig geworden. Ihr weiteres Fortbestehen hatte die nicht unterschätzbare Gefahr in sich, dass man sich norddeutscherseits anstrengte, den zum Teil gewonnenen süddeutschen Markt, soweit es lohnend war, festzuhalten. Dies war, wie wir wissen, besonders auf dem Gebiete der Mühlenfabrikate der Fall, und das Eintreten dieser Eventualität um so eher zu erwarten, als die norddeutschen Mühlen durch die generelle Aufhebung des Identitätsnachweises ihre günstige Ausnahme-Stellungen verloren und ihre Profite geschmälert sahen. Ein Bestehenbleiben dieses — sowieso nur als Notstandstarif bewilligten — Ausnahmezustandes würde also die Vorteile der Aufhebung des Identitätsnachweises für Süddeutschland in dem Masse absorbiert haben, wie für Norddeutschland potenziert. Unter diesen Umständen gelang es trotz des heftigen Widerstandes der norddeutschen Interessenten im Reichstag, wie in den preussischen Kammern, die preussische Regierung zur gleichzeitigen Beseitigung der fr. Ausnahmetarife zu veranlassen.

a) Die Bestrebungen auf Aufhebung der Transitläger.

Die andere Strömung hatte just die umgekehrte Richtung. Sie wurde von den norddeutschen Agrariern vertreten und richtete sich gegen den binnenländischen Getreidehandel, indem sie Beseitigung der Getreide-Transitläger — mit Ausnahme der Seeplätze — verlangte. Diese Forderung war bereits 1887, als die Frage der Aufhebung des Indentitätsnachweises zur erstmalig ernsteren Erörterung stand, vom deutschen Landwirtschaftsrat als notwendiges Korrelat jenes Antrags aufgestellt und lebhaft befürwortet worden. Jetzt wurde sie mit verstärkter Kraft wieder geltend gemacht. Bei der zweiten Beratung des in Rede stehenden Gesetzentwurfes[1]) äusserte der Staatssekretär des Reichsschatzamts, v. Posadowsky, in Beantwortung des Antrags Mirbach, er glaube, »dass Transitläger bestehen, die eigentlich keine Transitwaren führen, sondern die zum Schaden der einheimischen

---
1) 68. Sitzung d. Reichst. v. 9. März 1804.

Produktion und ihrer Preisbildung lediglich den Deckmantel bilden, um den üblichen Zollkredit zu erschleichen und mithin nichts sind als Zollkreditanstalten.... Wenn sich ergeben sollte, dass in der That Transitläger nur bestehen, um den Zollkredit zu erschleichen, und nicht, um gemischte Waren zu exportieren, so wird die Frage zur Erwägung kommen, ob solche Transitläger nicht einfach zu schliessen sind.«

Unter dem Eindruck dieser Verhandlungen nahm der Reichstag dann im April d. J. die Resolution v. Buol-Berenberg und Genossen an:

»den Herrn Reichskanzler zu ersuchen, in Erwägung zu nehmen, ob nicht entweder die gemischten Transitläger von den in Nr. 9 des Zolltarifs aufgeführten Waren (Getreide u. s. w.) ohne amtlichen Mitverschluss, welche überwiegend spekulativen Zwecken zum Schaden der Inlandspreise dienen, sowie die auf Grund des Gesetzes vom 27. Juni 1882 den Inhabern von Mühlen bei der Ausfuhr ihrer Fabrikate gewährte Zollerleichterung ganz aufzuheben sind oder

der in beiden Fällen mit der Begünstigung verbundene Zollkredit zu beschränken ist.«

Auch was diese Forderung veranlasste, war nicht nur die Ansicht, dass die Transitläger nunmehr überflüssig geworden seien, sondern die auf agrarischer Seite vorhandene Anschauung, dass dieselben in Zukunft Missstände verschiedener Art erzeugen würden. Man warf ihnen vor, dass die darin zu Tage tretenden effektiven Vorräte die Preise über Gebühr drückten, dass die Zollstundung einen Anreiz zur Spekulation, speziell auch zu übertriebenem Import prompter Ware bilde und dadurch ebenfalls die inländischen Marktpreise drücke, resp. die Unverkäuflichkeit des einheimischen Getreides bewirke.

Beide Behauptungen beruhen offenbar auf irrigen Voraussetzungen. Ganz abgesehen davon, dass die relativ niedrigen Getreidepreise und die schlechte Verkäuflichkeit deutschen Getreides im Inland ihre genügende Erklärung in den wiederholt erwähnten materiellen Thatsachen der allgemeinen Marktlage finden, ist es schwerlich glaublich, dass die Privattransitlager auch nur einen steigernden Einfluss darauf haben sollten. Zunächst weiss jeder, der in den modernen Getreidehandel einen Einblick gewonnen hat, dass bei den dort in Frage kommenden Wertumsätzen die durch die Zollstundung erlangten Zinsgewinne viel zu winzig sind, als dass sie auf die Spekulation von irgend welcher Bedeutung sein könnten. Nach den Erhebungen, welche die Mannheimer Handelskammer anstellte, befanden sich auf den 25 Transitlägern Mannheims im Monatsdurchschnitt:

Weizen	Roggen	Hafer	Gerste
ca. 50 000 t.	ca. 2500 t.	ca. 2000 t.	ca. 2000 t.

also im Durchschnitt auf jedem Lager etwa:

2000 t.	100 t.	80 t.	80 t.

Die durchschnittliche Lagerfrist währte 6 Wochen. Im allgemeinen ist Lagerzeit und Lagermenge ziemlich gleichbleibend, nur kurz vor, während und nach der deutschen Ernte steigen resp. fallen die Durchschnittsziffern einigermassen.

Der heutige Zollsatz beträgt nun bekanntlich pro Tonne

Weizen	Roggen	Hafer	Gerste
35 M.	35 M.	28 M.	20 M.

Der zu zahlende Zollbetrag also für alle Mannheimer Privattransitläger zusammen:

1 750 000 M. + 87 500 M. + 56 000 M. + 40 000 M. = 1 933 500 M.

und durchschnittlich für jedes einzelne Lager

70 000 M. + 3500 M. + 2240 M. + 1600 M. = 77 340 M.

Der durchschnittliche Zinsfuss im Verkehrsleben beträgt zur Zeit allerhöchstens 4% pro Jahr, also 1% pro Quartal.

Bei der üblichen vierteljährlichen Zollberechnung beträgt also die durch Zollkredite »ersparte« Summe, — selbst unter der Fiktion, dass für sämtliche auf Lager gehenden Posten der Kredit ein volles Vierteljahr gestundet würde, was natürlich nur für einen kleinen Teil derselben zutrifft, — zusammen:

17 500 M. + 875 M. + 560 M. + 400 M. = 19 335 M.

und im Durchschnitt für den einzelnen Grosshändler:

700 M. + 35 M. + 22,40 M. + 16 M. = 773,40 M.

Man wird angesichts dieser Beträge wohl ohne weiteres zugeben, dass der Gedanke, derartige Gewinnquoten könnten die Spekulation des Grosshandels beeinflussen, geradezu abenteuerlich ist.

Aus diesen Ziffern geht aber des Weiteren noch hervor, dass auch die subsidiär vorgeschlagene Aufhebung der Zollkredite, nach deren Durchführung man ein Aufgeben der nur spekulativ benutzten Privattransitläger aus eigener Initiative ihrer Besitzer erwarten zu können glaubt, kaum ernstlich in Frage kommen kann.

Es ist richtig, dass ein rechtlicher Anspruch oder eine moralische Begründung dieses Kredites auf Seiten des Händlers nicht besteht; die Stundung stellt sich eben lediglich als eine praktische Massnahme zur Verminderung der zolltechnischen Schwierigkeit dar. Nach den oben angegebenen Ziffern würde bei sofortiger Barzahlung des Zolls der Gewinn des Zollfiskus selbst in einem so bedeutenden Handelsplatz wie Mannheim, nur minimal sein, nämlich, wie aus obiger Berechnung sich ergiebt, insgesamt 19 335 M. Diese theoretisch gewonnene Ziffer ist aber de facto viel zu hochgegriffen, da bei der Berechnung die Fiktion gemacht war, dass das fr. Quantum Getreide insgesamt am ersten Tage des Halbjahrs auf Lager gebracht ist und erst am letzten Tage vom Lager geht, während, wie wir sahen, die durchschnittliche Lagerfrist nicht 6, sondern nur 1½ Monate beträgt. Daraus ergiebt sich, dass der dem Zollfiskus hierbei entgehende Betrag kaum hinreichen würde, um die enorme Steigerung der zolltechnischen Arbeit, die bei Fortfall oder selbst bei Einschränkung des Zollkredites entstehen müsste, entsprechend zu bezahlen[1]).

Ebenso irrtümlich ist die weitere Behauptung, die Vorräte in den Transitlägern drückten die Preise und veranlassten Unverkäuflichkeit des einheimischen Getreides in ihrer Eigenschaft als visible supply. Vor allen Dingen ist wohl offensichtlich, dass die durchschnittliche Vorratsmenge von noch nicht 60 000 t bei einem Gesamtgetreideverkehr von mehr als einer Million tons (in 1896) um so weniger Einfluss haben kann, als sie selbst ja doch nur einen geringen Bruchteil der überhaupt am Platze lagernden Getreidemengen darstellt; haben doch allein die öffentlichen Lagerhäuser eine Kapazität von fast 1½ Millionen Doppelzentner. Auch ist nicht einzusehen, weshalb die betreffenden Vorräte unverzollt einen grösseren Einfluss haben sollten, als verzollt; alles dies unter der — kaum zu beweisenden — Annahme, dass bei den heutigen Welthandelsverhältnissen nicht ein lokaler Vorrat die

---

1) Kein durchschlagender Grund für die Berechtigung des Zollkredites scheint uns die von kommerzieller Seite oft geltend gemachte Thatsache zu sein, dass der Grosshändler das Getreide oft gegen Konossement — also vor effektiver Ankunft — zu bezahlen habe, während er (selbst bei sofortigem Verkauf) den Verkaufspreis erst nach 3 Monaten erhält. Denn daraus — was sich übrigens in den verschiedenen Branchen wiederfindet — ergiebt sich noch nicht das Recht, auf fiskalische Kosten entschädigt zu werden. Auch der Umstand, dass die projektierte Aenderung die kapitalschwachen Handelskreise zu Gunsten des konzentrierten Kapitals treffen würde, bietet höchstens ein sozialpolitisches Bedenken dagegen.

Preisbildung influieren kann, welche wohl von den insgesamt verfügbaren Weltvorräten, nicht aber vom zufälligen Ort ihrer Lagerung abhängig ist. Es ist aber auch nicht richtig, dass die Privattransitläger durch die Aufhebung des Identitätsnachweises in analoger Weise überflüssig geworden ist, wie die preussischen Staffeltarife. Vielmehr bilden sie nach wie vor die Voraussetzung des Transithandels überhaupt, solange die durch die neuere Wirtschaftspolitik des Reiches geschaffene Lage anhält, sind also notwendiges Erfordernis nicht nur für die Seehäfen, sondern für alle Handelsplätze, welche Durchfuhrhandel treiben. Für Mannheim kommt hier in erster Linie der nach der Schweiz in Frage. Derselbe ist doch numerisch recht beträchtlich, so dass sein gänzliches Fortfallen die Bedeutung des Mannheimers Handels empfindlich beeinträchtigen würde. Ein solches Fortfallen wäre aber um so eher zu erwarten, als Mannheim in diesem Punkte zwei gefährliche Konkurrenten in Genua und Marseille hat. Die starke Inanspruchnahme dieser Mittelmeerplätze, die heute schon stattfindet, ist darauf zurückzuführen, dass das südrussische Getreide, sowie die Crescenz Ungarns und der unteren Donauländer transporttechnisch für grosse Teile der Schweiz auf diesem Wege schneller[1]) zu beziehen ist, als der Import über Mannheim zulässt. Dazu kommt, dass Oesterreich neuerdings sein Getreide vielfach direkt in die Schweiz absetzt. So stellte sich die Versorgung der Schweiz — abgesehen von der Mannheim (wenigstens effektiv) nicht passierenden deutschen Crescenz aus Bayern, Württemberg und Südbaden — im letzten Jahrzehnt folgendermassen:

| | Transit-Verkehr über | | | Ausfuhr aus |
	Mannheim	Genua	Marseille	Oesterreich
1885	40 355 t.	65 913 t.	46 446 t.	—
1886	36 955 »	31 516 »	30 218 »	—
1887	41 886 »	24 225 »	43 860 »	—
1888	14 876 »	31 020 »	72 740 »	—
1889	14 389 »	32 696 »	96 697 »	—
1890	18 091 »	34 603 »	118 277 »	—
1891	26 534 »	59 068 »	120 577 »	65 847 t.
1892	37 800 »	41 129 »	86 081 »	36 106 »
1893	40 004 »	64 413 »	96 779 »	44 920 »
1894	13 010 »	122 542 »	nicht ermittelt	45 208 »

Nach Beseitigung der Transitläger müsste der Schweizer Im-

---
1) Die Seefahrt Odessa-Genua währt etwa 8 Tage, der Landtransport von dort in das Innere kaum die gleiche Zeit.

porteur, der über Mannheim beziehen wollte, den Zoll erst zahlen, und dann durch Verwertung des Ausfuhrscheins sich wieder zurückerstatten lassen, was nicht nur Umstände macht, sondern auch wegen der damit verknüpften Festlegung des Kapitals, Provisionzahlung etc. direkt verlustbringend ist; resp. der Mannheimer Transithändler könnte nicht zum gleichen Preise, wie der Marseiller oder Genueser anbieten. Ferner ist der Abnehmer, speziell der Mühlenindustrielle, selten geneigt, den gekauften Posten auf einmal zu beziehen; es bildet fast die Regel, dass er kauft zur Lieferung in bestimmten vereinbarten Raten oder »zu beziehen nach Bedarf«. Reine Transitläger aber können die gemischten niemals voll ersetzen, weil sie nicht die für den Handel unbedingt nötige Freiheit in der Verwendung der Ware bieten. Das einmal auf ihnen lagernde Getreide kann in der Regel nicht mehr in den Inlandskonsum übergehen. Diese Möglichkeit ist aber für den Importeur unbedingtes Erfordernis, da er bei der Einfuhr nicht schon zu bestimmen im Stande ist, welche Sorten und welche Bruchteile nach dem Ausland und welche ins Inland gehen werden. Er kann selbst in die Lage kommen, einen Posten, den er etwa für ratenweise Lieferung in die Schweiz verkauft hat, teilweise ins Inland abzusetzen und sich von neuem zu decken. Diese Funktionen der Mannheimer Privattransitläger machen sie auch an diesem Platz, wo eine Mischung von in- und ausländischem Getreide nicht stattfindet und nie stattgefunden hat, zu einem notwendigen Korrelat der Zollgesetzgebung, und es ist durchaus irrig, anzunehmen — wie z. B. Graf v. Posadowski-Wehnern in seinen oben citierten Worten, — dass dieselben dort, wo sie nicht den Zwecken der Getreidemischung dienen, nur den Charakter von bequemen Zollkreditlagern haben und sonst kommerziell wertlos sind. Es ist deshalb erfreulich, dass man dem Wunsch nach Aufhebung derselben bis jetzt nicht Folge gegeben hat, wenn auch anscheinend die Gefahr diesbezüglicher Eingriffe noch nicht vorüber ist [1]).

G. Der durch die heutige Rechtslage geschaffene Zustand.

1) Der Getreidehandel.

Abgesehen von diesem Zustand einer gewissen Unsicherheit über die Fortexistenz jener äusserst zweckmässigen Institute hat

---

[1]) Dass die Transitläger übrigens grossen Wert für den Kriegsfall haben, ist oben schon erläutert.

104 Vierter Hauptabschnitt. Die Verflechtung in den Getreide-Weltverkehr. [340]

die Aufhebung des Identitätsnachweises für den Getreide- und Mehl-Handel Mannheims überaus günstige Wirkungen gehabt. Was zunächst den Getreidehandel anlangt, so können wir uns bei dem erdrückenden Uebergewicht, welches Weizen darin spielt, auf diesen beschränken. Es betrug

	Hafenverkehr:		Bahnverkehr:	
	Ankunft	Abgang	Ankunft	Abgang
1892	328 736 t.	4 147 t.	729 t.	302 269 t.
1893	346 240 »	7 740 »	844 »	271 252 »
1894	370 895 »	18 585 »	618 »	304 628 »
1895	443 072 »	22 490 »	872 »	355 472 »
1896	502 033 »	29 676 »	1 414 »	381 411 »
1897	266 736 »	24 822 »	1 912 »	373 105 »

Halten wir daneben die Ziffern der deutschen Getreideausfuhr:

	Weizen	Roggen	Hafer	Gerste
1892	244	891	472	9 567
1893	293	271	276	8 235
1894	79 191	49 712	22 759	19 405
1895	69 911	35 992	51 427	49 014
1896	75 214	38 322	30 377	20 968
1897	171 380	106 435	21 363	18 515

so kann kein Zweifel darüber herrschen, dass die geänderten Zollverhältnisse überaus wohlthätig gewirkt haben. Durch die gleichzeitige Aufhebung der Staffeltarife und des Identitätsnachweises in Form der Einfuhrscheine, welche mehr wie Ausfuhrscheine den Export begünstigen, ist der süddeutsche Markt von der Konkurrenz des norddeutschen Weizens so gut wie völlig entlastet worden, was schon aus der Abnahme der Bahn-Anfuhr zu schliessen wäre. Dieser gewann seine alten Absatzgebiete in ziemlich vollständigem Umfang zurück. Endlich wurde es der süddeutschen Crescenz wieder ermöglicht, ihren ehemaligen Export nach der Schweiz wieder aufzunehmen, wenn auch nicht in dem früheren Umfange. Dies rührt teilweise daher, dass die deutsche Bevölkerung inzwischen wesentlich gewachsen ist, der heimische Konsum deshalb mehr erfordert, teilweise auch daher, dass durch die Umwandlung des Mühlengewerbes vom Mahlstein zur Walze die Spelzkerne weniger geeignet für die grossen Mühlen geworden sind (weil zu weich). Der Export süddeutschen Getreides betrifft vor allem Weizen und Spelzkernen aus Oberbaden, dem Seekreis, dem südlichen Bayern und Württemberg; in geringerem Umfang einheimischen Roggen, sowie in nicht unbeträchtlichen Quantitäten Gerste aus dem Seekreis und Breisgau; Hafer wesentlich nur aus Bayern und Württemberg. Auch dadurch wurde Raum geschaffen zur Aufnahme ausländischen Getreides. Endlich wirkte in dieser Richtung der neueste Aufschwung der Rheinschiffahrt bergwärts, vor allem nach Strassburg, wodurch der Elsass in verstärktem Masse als Absatzgebiet herangezogen wird. Das plötzliche Wiedererstarken der Bahnanfuhr in 1895 ist im Wesentlichen der aussergewöhnlichen Trockenheit und Hitze des Sommers zur Last zu legen, welche die Rheinschiffahrt teilweise stark lahmlegte.

2) Der Mehlhandel.

Ein ganz analoges Bild ergiebt sich auf dem Gebiete der Müllerei und des Mehlhandels. Auch hierbei handelt es sich fast ausschliesslich um Weizenmehl. Zwar giebt es auch in Süddeutschland noch vereinzelt Handelsmühlen für Roggen, z. B. in Worms eine, und manche vermahlen Roggen wenigstens nebenbei, so die mehrfach genannte Ludwigshafener. Immerhin ist sowohl der Konsum wie die Verarbeitung und der Anbau von Roggen in Süddeutschland, dessen Ertrag übrigens noch grossenteils nach der Schweiz geht, überaus geringfügig und geht dauernd zurück, so dass er für die Gesamtgestaltung der Handelsverhältnisse keine Rolle spielt, und sich in der Hauptsache auf Fabriken von Sprit und Presshefe beschränkt. Da man infolgedessen das für den Konsum erforderliche Quantum importieren muss und hierfür wesentlich die Crescenz des nördlichen Deutschland oder gar des russischen Reiches in Frage kommt, von wo die Entfernung eine ziemlich weite ist, so bezieht man dasselbe in der Regel schon in verarbeitetem Zustande als Mehl von den grossen norddeutschen Handelsmühlen, im unverarbeiteten Zustand nur soviel, als zur Vermischung mit der zähen einheimischen Crescenz erforderlich ist; der Bezug dieser letzteren erfolgt fast ausschliesslich direkt vom Landwirt, während der einheimische Mehlhandel sich, soweit er nicht hierbei den Zwischenhändler spielt, ausschliesslich wieder mit der Produktion der süddeutschen Mühlen an Weizenmehl befasst.

Das Weizenmehl der norddeutschen grossen Mühlen ist so gut wie völlig wieder vom Markte verschwunden. Nur in einigen Regionen Süddeutschlands (Elsass-Lothringens, der Pfalz und des Nahe-Gebietes) wird zur Zeit noch solcher in geringem Umfang bezogen. Die grösseren Bemühungen der norddeutschen Weizenmüller, ihr süddeutsches Absatzgebiet trotz der wenig günstigen Umstände festzuhalten, sind wohl darauf zurückzuführen, dass das Ausland — namentlich England — seit 1880 seine Mühlenindustrie ausserordentlich verbessert und gesteigert hat und im Gegensatz zu früher jetzt im Stande ist, Weizen jeder Art, milden, halb und ganz harten zu vermahlen; infolgedessen für den Import deutschen Weizens günstig ist, während der Import deutschen Mehles heute Schwierigkeiten macht. Immerhin hat sich der Export der deutschen Mühlenfabrikate, der ja aus den erwähnten Ursachen nur die ersten Jahre der Zollära völlig darniederlag, langsam aber stetig gehoben. Er betrug in den früheren Jahren:

1. Mai	1892/93	120 942 t
» »	1893/94	159 230 »
» »	1894/95	181 978 »
» »	1895/96	187 359 »

Die Verkehrsziffern für Mannheim in Mehl und Mühlenfabrikaten lauten:

Ludwigshafen		Jahr	Mannheim.	
Ankunft per Schiff	Abgang per Bahn[1])		Ankunft per Schiff	Abgang per Bahn[1])
2686 t	13 565 t	1892	9128 t	13 104 t
4367 »	15 178 »	1893	14 026 »	16 089 »
3439 »	10 504 »	1894	9124 »	13 326 »
2536 »	21 144 »	1895	7 272 »	11 022 »
1213 »	48 965 »	1896	15 760 »	16 317 »
4720 »	51 230 »	1897	27 423 »	26 720 »

Wir sehen, wie die vor Aufhebung des Identitätsnachweises äusserst starke Zufuhr norddeutschen Mehles rheinaufwärts und sein Abgang per Bahn auffallend sinkt. Dies ist wesentlich damit zu erklären, dass die norddeutschen Weizenmehle sich in Konkurrenz mit der süddeutschen Mühlenindustrie nicht auf dem Markt halten können und der Mehlverkehr sich somit immer mehr wieder auf Roggenmehl beschränkt. Hinzuweisen wäre auch hier auf die Zunahme des Versands per Schiff auf Kosten derjenigen per Bahn. Im übrigen hatte die Trockenheit des Sommers, wie regelmässig Störungen im Wasserbetrieb, die Folge, die Stellung der grossen Dampfmühlen auf Kosten der Wassermühlen zu stärken und Kundschaft zuzuführen. —

Neben diesen allgemeinen Wirkungen hat die Aufhebung

---

1) Die überwiegende Grösse des Abgangs per Bahn ist natürlich auf die Mannheimer und Ludwigshafener grossen Dampfmühlen zurückzuführen.

des Identitätsnachweises für die südwestdeutschen Mühlen noch insofern eine fühlbare Erleichterung geschaffen, dass sie jetzt völlig freie Wahl in Bezug des Rohmaterials zur Herstellung von Mehl haben und nicht mehr durch komplizierte Marktverhältnisse zur Verarbeitung unbeliebten und wenig backfähigen Getreides gedrängt werden, also vollwertige Qualität wieder produzieren können, — abgesehen von dem Fortfall der mannigfachen zeitraubenden und lästigen Kontrollmassregeln. Dagegen kommen die in § 7 Ziffer 3 den Mühlen zugewiesenen Erleichterungen bei Ausfuhr ihrer Produkte wesentlich nur für die nahe der Schweizergrenze gelegenen Mühlen des südlichen Badens etc. als vorteilhaft in Betracht; denn einmal haben die Mühlen der nördlicheren Bezirke ja auch vorher schon Getreide zum Zweck der Verarbeitung mischen müssen, andrerseits ist ihr Export nach der Schweiz in feinen Mehlen nur gering und beschränkt sich im wesentlichen auf geringwertige Mehlsorten zu Futterzwecken, Branntweinbereitung u. drgl.

3) Der Umsatz der Einfuhrscheine.

Zum Schluss noch ein paar Worte über den Umsatz der Einfuhrscheine.

Man hatte die Befürchtung gehegt, dass dieselben börsenmässig gehandelt und damit ein neues Spekulationsmoment in den Getreidehandel hineingetragen werden würde. Diese Befürchtung hat sich jedoch nicht bestätigt. Die Scheine gehen vielmehr in der Regel nur durch eine Zwischenhand, und diese bildet entweder eine Bank oder ein Getreide-Agenturgeschäft. Der Danziger, Stettiner[1]) etc. Exporteur steht mit diesem seinem Abnehmer in regelmässiger Geschäftsverbindung und übersendet die ihm ausgefertigten Scheine direkt an die resp. durch Vermittlung der fr. Bank. Da Deutschlands Ausfuhr beträchtlich geringer ist als die Einfuhr, werden dieselben fast zum vollen Zollwert gehandelt; abgezogen wird nur ein geringer Betrag für Zinsvergütung der ungefähr zwischen 20 und 40 ₰ pro Tonne schwankt, je nachdem die Scheine noch längere oder kürzere Zeit laufen, und welcher zugleich eine

---

1) In Mannheim werden selbstverständlich auch Einfuhrscheine über süddeutsches Getreide gehandelt, das von kleinen badischen, bayrischen und württembergischen Händlern nach der Schweiz exportiert ist. Da aber diese Quantitäten relativ sehr gering sind, besonders im Vergleich zu der Stellung Mannheims als Importhafen, so bilden die norddeutschen quantitativ weitaus den wichtigeren Bruchteil.

geringe Vermittlungsprovision einschliesst. Durch die Bestimmung, dass die Scheine auch zur Entrichtung anderer Zollgefälle verwendbar sind, sowie durch den Umstand, dass an einigen Handelsplätzen Exporteur und Importeur identisch sind, wird die Zahl der im Verkehr befindlichen Scheine noch verringert, so dass für den überwiegenden Teil der deutschen Einfuhr Scheine nicht verwendet werden können. Der Umstand, dass die Einfuhr viel grösser ist, als die Ausfuhr, dass also Einfuhrscheine nur in geringer Quantität im Verkehr sind und kein grosser Profit daran zu verdienen ist, hat denn thatsächlich auch die beabsichtigte Folge gehabt, dass sie nicht zu Börsenpapieren geworden sind. Soweit Banken selbst sich mit dem Umsatz dieser Scheine befassen, ergänzen sie dies Geschäft in der Regel damit, dass sie gleichzeitig für die betr. Firmen, mit denen sie in diesem Punkt in Geschäftsverbindung stehen, die nötige Sicherheit bei der Zollbehörde für den ihrem Transitlager zu gewährenden Zollkredit gegen Provision leisten, d. h. es ist im Grunde nichts anderes als ein Discontgeschäft.

Die weitere Befürchtung, dass Exporteur und Importeur sich koalieren könnten, um den Gewinnst der Scheine zu teilen und dem Landwirt den ihm durch den Zoll zugedachten Profit zu entziehen, hat sich ebenfalls als unbegründet erwiesen. — Dem Importeur ist gar nichts daran gelegen, dieserhalb mit dem Exporteur direkt in Verbindung zu stehen. Abgesehen davon, dass er für die jeweilig benötigten Quantitäten passende Scheine beim Zwischenhändler weit besser zusammenzustellen in der Lage ist, will er natürlich Einfuhrscheine nur alle Vierteljahre je einmal kaufen, wenn er den fälligen Zollkredit zu zahlen hat. Dies geschieht innerhalb des ersten Monatsdrittels des neuen Quartals; und natürlich sucht er auch solche Scheine zu bekommen, welche dann möglichst kurz vor Ablauf stehen, weil sie so am billigsten sind. Immerhin sind Dank der momentanen starken Nachfrage in diesem Zeitpunkt die Scheine fast zum vollen Wert, höchstens mit je 10 ₰ Verlust zu verkaufen. — Der Exporteur will aber seine Scheine baldmöglichst losschlagen, weil sie ja mit jedem Tage Zeitverlauf geringwertiger werden und gleichzeitig Zins verloren geht resp. Kapital festgelegt bleibt. So bleibt der Umsatz durch eine Zwischenhand noch immer die rationellste Form trotz der dabei in Abzug kommenden Provision, die freilich pro dz. nur nach Pfennigen rechnet. Die länger laufenden und zur Unzeit ablaufenden Scheine gehen meist an kleinere Provinzialfirmen oder auch an solche, deren Zollkonto schon voll ist. Uebrigens wäre dazu noch zu bemerken, dass ja nur ein geringer Bruchteil der in Frage kommenden Privattransitläger den betreffenden Importfirmen zu eigen gehört oder als Lagerraum für längere Zeitperioden gemietet ist. Im grossen Ganzen findet die Lagerung, auch wenn sie in Säcken geschieht, in den erwähnten öffentlichen Lagerhäusern statt. Dann sind es natürlich die Verwaltungsorgane derselben, welche den Zoll bezahlen, resp. die Einfuhrscheine kaufen, und der Importeur hat nur den Zoll pro rata der auf ihn entfallenden Quantität an dieselben zu entrichten, was gleichzeitig mit der Abrechnung des Lagerhauses mit der Zollbehörde unter Haftung der Ware geschieht.

Schluss.

Die verschiedenen Typen von Getreidehandelszentren in Deutschland.

Wir haben bereits im Vorwort darauf hingedeutet, dass es bei einer Arbeit, wie der vorliegenden, von wesentlicher Bedeutung ist, das Zufällige, zeitlich oder örtlich Bedingte in den herrschenden Verhältnissen und ihrer Entstehungsgeschichte auszuscheiden, und das Typische und Allgemeingültige möglichst scharf herauszuarbeiten. Damit ist jedoch noch nicht ganz genug geschehen, denn es giebt auch noch verschiedene Typen innerhalb derselben Gattung, — angewandt auf unseren Gegenstand: hervorstechende und notwendige Differenzen zwischen den einzelnen Zentren des Getreidegrosshandels selbst. Und dessen möchten wir noch mit kurzen Worten Erwähnung thun.

Wie wir schon im Verlauf unserer Arbeit gelegentlich erwähnt haben, bahnt sich in der Gegenwart zwischen diesen allenthalben eine Spezialisierung und Arbeitsteilung der Art an, dass einige wenige mehr und mehr die **spekulative Funktion des Handels, die Börsenthätigkeit** auf sich konzentrieren, während den übrigen und zwar speziell den durch die geographische Lage und die Verkehrsverhältnisse begünstigten, die Aufgabe verbleibt, für **die thatsächliche Aufnahme und Abstossung, Lagerung und Umschlag der effektiven** Warenvorräte zu sorgen.

Zu ersteren gehörte von deutschen Städten bis zum Erlass des Börsengesetzes, dessen definitiven Wirkungen noch nicht sicher erkennbar sind, heute hauptsächlich B e r l i n, an dessen den gesamten inländischen Markt beherrschende Börse Frankfurt a. M. seine einstige Stellung als erster deutscher Handelsplatz hat abgeben müssen. Hier konzentrierte sich zunehmend der endgültige interlokale und intertemporale Ausgleich von Angebot und Nachfrage, die Nivellierung und Feststellung der Preise, hier wurde Deutschland als wirtschaftliche Einheit dem Auslande gegenüber repräsentiert.

Aber das deutsche Reich ist streng genommen keine wirtschaftliche Einheit, sondern eine Zweiheit. Zwei wesentlich von einander verschiedene Kultur- und Wirtschaftsgebiete mit verschiedenen, teilweise geradezu divergierenden Interessen reichen sich in der Gegend Berlins die Hand: das hochagrarische »Altpreussen« östlich der Elbe, und das vorwiegend industrielle »Reich«, der Westen und Süden der Monarchie. Viele Streitpunkte unserer inneren wirtschaftlichen Kämpfe haben ihre Grundlage in dieser Zusammenschweissung zweier von Natur ungleicher Brüder zu einem einheitlich sein sollenden Interessengebiet, und wenige nur sind es, wo dieser Gegensatz nicht seinen Einfluss mit äusserte. Dies zeigt sich ja speziell auch auf dem Gebiete des Getreidehandels, insofern als das deutsche Reich in der einen Hälfte seines Gebietes ein **überproduzierendes Getreideexportland**, in seiner anderen ein **wesentlich konsumierendes Getreideimportland** ist, während teils die klimatische, teils die geographische Gestaltung Deutschlands es gleichzeitig unrentabel, wo nicht unmöglich macht, dass die beiden Gebiete einander ausgleichen. Dieser Umstand hat nun für die Organisation und Gestaltung des deutschen Getreidehandels die Folge, dass seine Zentren, soweit sie jener zweiten Gruppe von Effektivmärkten angehören, sich ebenfalls in zwei entsprechende Kategorien scheiden. Der industrielle, südwestliche Teil des Staatsgebietes wird umsäumt von einer Reihe nur importierender **Aufnahmeplätze**; dies sind in erster Linie die Häfen der Rheinstrasse: Emmerich, Düsseldorf, Duisburg, Ruhrort, Köln, Mainz und Mannheim. Der agrarische Teil wird begrenzt von einer Anzahl lediglich deutsches Getreide — namentlich Roggen — mit dem auf dem Wasserwege aus Russland importierten mischenden und dann nach England und Skandinavien exportierenden **Abstossungszentren**; dies sind vor allem die preussischen Ostseehäfen: Memel, Königsberg, Danzig, Stettin, Lübeck. In ihnen und ihren entgegengesetzten Interessen repräsentieren sich recht eindrucksvoll die Interessendifferenzen der beiden Reichshälften, welche ihr Hinterland bilden.

Die aus dieser Situation in letzter Linie hervorgewachsenen schweren Interessenkonflikte haben dahin geführt, dass zur Zeit die grosse, das spekulative Geschäft monopolisierende Zentralbörse Deutschlands zu funktionieren aufgehört hat. Keine Vorstellung wäre irriger, als die, dass damit der Einfluss der Spekulation oder doch der »Papiergetreide«-Spekulation auf die deutsche Preisbildung abgeschnitten sei. Der Newyorker Kurszettel über dem Komtoirpult jedes Mannheimer Getreidehändlers belehrt darüber sofort eines Besseren. Es ist lediglich das G e g e n g e w i c h t des grossen deutschen Platzes gegen die absolute Herrschaft der ü b e r s e e i s c h e n Spekulation gebrochen worden, ein Gegenwicht, welches bei der Eigenart des deutschen Wirtschaftsgebiets für die mit Newyork zusammen arbeitenden westlichen Händler freilich eher lästig als erwünscht war. Die Machtstellung des grossen Handelskapitals des Westens im Getreideverkehr ist ausserordentlich gesteigert, den deutschen Produzenten die Kontrolle des Markts, wie unvollkommen immer die Berliner Notizen sie ermöglichten, genommen worden. Als die Missernte fast der ganzen Welt im letzten Jahre einen Export an Getreide aus Deutschland sogar nach Frankreich hinein — zum ersten Mal nach langen Jahren lohnend machte, konnten Mannheimer Häuser infolge der völligen Unorientiertheit der deutschen Getreidebesitzer im Norden dort Getreide zu Preisen aufkaufen, die unmöglich gewesen wären, wenn nicht die Unterdrückung des Terminhandels die Wirksamkeit der internationalen Arbitrage gehemmt hätte.

Indem wir im Vorstehenden die Verhältnisse eines grossen deutschen Getreidehandelsplatzes kennen gelernt haben, welcher im spezifischen Sinn ein »E f f e k t i v«-Handelsplatz und ein A u f n a h m e -Zentrum ist, und sich ganz wesentlich auf diese Funktion beschränkt hat, müssen wir uns daher zugleich bewusst bleiben, dass der Hergang des Getreidegeschäfts an einem solchen Platz nicht das Ganze des Getreidehandels umfasst, sondern nur einen Ausschnitt daraus, dass mit jener Beschränkung zugleich die unvollständige Durchbildung mancher modernen Institutionen des Grosshandels (z. B. des Warrants) zusammenhängt und dass endlich ein solcher Platz, mag er sich auch an der spekulativen Preisbildung nicht selbstthätig mit beteiligen, dennoch der Einwirkung dieser spekulativen Preisbildung, die er andern Plätzen überlässt, sich nicht entzieht, ja ihre Einwirkung ebensowenig zu entbehren vermag, wie den modernen Verkehr überhaupt.

Anlagen.

15. Aus dem vor Erlass des Börsengesetzes geltenden Handelsgebrauch der Mannheimer Börse vom 15. Febr. 1888 (Getreide).

I. Allgemeine Bestimmungen.

§ 1.... Haben Vertragschliessende in einem und demselben Artikel auf einen und denselben Termin mehrere Geschäfte mit einander gemacht, so werden die Ankäufe mit den Verkäufen nach Massgabe der gehandelten Mengen in der Reihenfolge mit einander ausgeglichen, dass je die beiden ältesten Abschlüsse u. s. w. mit einander verrechnet werden. Forderungen aus den vor dem Beginne des Termins oder bis zum 15. des Termin-Monats stattfindenden Ausgleichungen sind Mitte des Monats zu berichtigen: Verpflichtungen an den nach dem 15. stattfindenden Ausgleichungen am folgenden Vormittage zu erfüllen.

Die aus einem Lieferungsvertrage sich ergebenden Rechte können nur mit Zustimmung des anderen Vertragschliessenden an einen Dritten abgetreten werden.

§ 3. Bei Effektiv-Geschäften ist der Kaufgegenstand am Tage des Vertragsabschlusses vor 6 Uhr abends dem Käufer zu überweisen. Bei Lieferungsgeschäften hat die Ueberweisung durch die Ausstellung oder durch die Uebertragung von Kündigungsscheinen zu erfolgen.

Die einem Eingangszoll unterliegenden Waren sind dem Empfänger verzollt zu überweisen.

§ 4. Dem Käufer resp. dem Indossatar des Kündigungsscheines als dessen Inhaber ist die genaue Besichtigung der angewiesenen Ware, sowie die Entnahme von Proben bis zum Gewicht von 1 kg von jeder überwiesenen Partie zu gestatten. Zu diesem Zwecke hat derselbe in den Stunden vormittags von 9 bis 11 oder nachmittags von 3 bis 6 Uhr auf dem Comptoir des Ablieferers sich zu melden.

§ 9. Einwendungen gegen die Beschaffenheit der überwiesenen Ware sind spätestens an der zweiten nach Ablauf der im § 12 für die

Kündigungsscheine festgesetzten Uebertragungsfrist stattfindenden Börse, und zwar bis längstens mittags 12½ Uhr, dem von dem Börsenvorstande ernannten Börsenbeamten mittelst offenen Schreibens zur Behändigung an den Ablieferer nebst dem mit der Bemerkung »verweigert« versehenen Kündigungsschein (§ 17) zu übergeben. Der Börsenbeamte, in dessen Verhinderung die vom Börsenvorstande mit dessen Vertretung beauftragte Person, hat mittelst Anschlags von dieser Thatsache der Börse Kenntnis zu geben. Ist der Ablieferer auf der Börse nicht anwesend, so gilt der Anschlag im Börsenlokale und die Eintragung in das Kündigungsregister als gültige Zustellung an denselben. Erfolgt eine solche Einwendung in der angegebenen Frist nicht, so wird die angewiesene Ware als genehmigt betrachtet. Später erhobene, sowie mündliche Einwendungen bleiben unberücksichtigt.

Bei Effektivgeschäften hat die Einwendung gegen die Beschaffenheit der Ware längstens an der zweiten Börse nach geschehener Ueberweisung zu erfolgen.

§ 6. Als Ort der Ablieferung sind, sofern ein anderes nicht vereinbart wurde, sämtliche an den Hafenkanälen belegene Lagerräume oder ein im Hafen liegendes Schiff zulässig.

§ 7. Bei der Empfangnahme der Ware muss längstens 24 Stunden, nachdem der Kündigungsschein perfekt geworden ist (§ 18) begonnen werden. Dieselbe muss spätestens am zehnten Tage, abends 6 Uhr, vom Ausstellungstage des Kündigungsscheines an gerechnet, welcher Tag als erster Tag zählt, vollendet sein. Bei Kündigung aus Schiffen muss die Empfangnahme am 8. Tage vollendet sein.

Bei Effektivgeschäften muss die Empfangnahme binnen 24 Stunden nach abgelaufener Einwendungsfrist begonnen werden und der Empfang innerhalb 8 Tagen, vom Tage der Ueberweisung an gerechnet, welcher Tag als erster Tag zählt, beendet sein.

Bis zum Ablaufe dieser Fristen lagert die Ware auf Kosten und Gefahr des Verkäufers. Von da ab hat die beiden letzteren der säumige Empfänger zu tragen, auch die Verbindlichkeiten zu übernehmen, sowie alle Folgen zu tragen, welche durch die verzögerte Empfangnahme dem Ablieferer erwachsen.

II. Festsetzungen über Menge und Beschaffenheit der Ware.

§ 10. Falls nicht nach Muster gehandelt oder im Kauf- bezw. Lieferungsvertrage nicht ausdrücklich ein anderes festgesetzt worden ist, kommen folgende Bestimmungen zur Anwendung:

1. Die Preise werden pro 100 kg Netto bestimmt.
2. Als lieferbar gilt jede Ware von guter, gesunder, trockener Beschaffenheit, gleichviel ob neu oder alt oder neu und alt gemischt.

Sämereien, Körner und sonstige fremde Bestandteile, wie sie in der betreffenden Fruchtgattung hin und wieder zu wachsen pflegen, dürfen in Weizen höchstens bis zu 4%, in Roggen höchstens bis zu 3%, in Hafer höchstens bis zu 5% der Körnerzahl enthalten sein. Ware, in welcher sich über 3% ausgewachsene Körner befinden, ist von der Lieferung ausgeschlossen. Ausgewachsene Körner werden nicht zu den fremden Bestandteilen gezählt.

Bei Weizen sind von der Lieferung ausgeschlossen: ägyptischer, indischer, gedörrter, die unter die Gattung Cubanca fallenden Sorten, sowie Rivett- oder sogenannter Rauhweizen; auch eine Ware, die mehr als 6% derartiger Körner enthält, ist nicht lieferbar.

Bei Roggen ist gedörrte Ware oder gedörrt und ungedörrt vermischt, lieferbar. Enos-Roggen und ähnliche mit Steinen besetzte Sorten sind nicht lieferbar. Weizen im Roggen soll nicht als fremder Bestandteil gelten, er darf jedoch nicht mehr als 4% der Körnerzahl ausmachen.

Bei Mais sind alle Sorten ohne Unterschied der Farbe lieferbar.

3. Getreide gilt ferner nur dann als lieferbar, wenn der Hektoliter mindestens folgendes Gewicht hat:

  a. bei Weizen 75 kg
  b. » Roggen 70 »
  c. » Hafer 43 »

Die Ermittlung des Naturgewichts erfolgt durch den Normal-Messapparat der Börse; so lange dieser nicht aufgestellt ist, durch einen vom Börsenvorstande zu ernennenden Messer.

4. Das Getreide kann sowohl geschüttet als gesackt überwiesen werden.

5. Die Kündigung kann nur in Partien von 50 000 kg erfolgen und ist für je 50 000 kg nur ein Lagerplatz zulässig. Die 8 Hallen der Mannheimer Getreidelagerhaus-Gesellschaft gelten für einen Lagerplatz; ebenso gelten die Silospeicher der Mannheimer Lagerhaus-Gesellschaft, sowie das dieser Gesellschaft gehörende Gruber'sche Lagerhaus für je einen Lagerplatz.

III. Vom Lieferungs-Geschäfte insbesondere.

§ 11. Ist beim Lieferungsgeschäfte ein fester Lieferungstag nicht bedungen, sondern für den Zeitraum eines Monats gehandelt worden, so hat der Verkäufer das Recht, die Ueberweisung zur Empfangnahme (Kündigung) an jedem Börsentage des fraglichen Monats vorzunehmen. Schliesst jedoch der betreffende Monat mit einem Tage, an welchem eine Börsenversammlung nicht stattfindet oder mit den israelitischen Neujahrstagen oder dem israelitischen Versöhnungstage, so muss die Kündigung spätestens an dem unmittelbar vorhergehenden Börsentage erfolgen.

§ 12. Die Kündigung einer Ware hat an der Börse in dem dafür bestimmten Kündigungsraum, und zwar in der Weise zu geschehen, dass die vorschriftsmässigen, die gekündigte Menge, den Kündigungspreis und die Lagerstelle angebenden Kündigungsscheine dem mit der Entgegennahme der Kündigung beauftragten Börsenbeamten, und zwar vor Ablauf der ersten Hälfte der Börsenstunde (12$^1/_2$ Uhr) doppelt ausgefertigt übergeben werden. Am Ende des Lieferungsmonats kann jedoch die Kündigung bis 1 Uhr 15 Minuten in vorstehender Weise erfolgen. Der Börsenbeamte schlägt ein Exemplar des Kündigungsscheines sofort nach erfolgter Eintragung an der Börse an, während er das zweite Exemplar dem im Kündigungsscheine bezeichneten Käufer der Ware behändigt. Ist dieser auf der Börse nicht anwesend, so gilt der Anschlag im Börsenlokale und die Eintragung in das Kündigungsregister als gültige Zustellung an den Käufer. Der erste Empfänger der Kündigung hat das Recht, den Kündigungsschein durch Indossament weiter zu übertragen und jedem Indossatar steht dieselbe Befugnis zu. Will der erste Empfänger der Kündigung oder der Indossatar von diesem Rechte Gebrauch machen, so muss er dasselbe sofort oder spätestens an der nächstfolgenden Börse ausüben, indem er innerhalb der ersten fünf Minuten nach Beginn der nächstfolgenden Börse den Kündigungsschein, mit seinem Indossament versehen, an den Börsenbeamten zur Aushändigung an seinen Indossatar (Nach-Indossatar) überliefert. Die Weiterübertragung des Kündigungsscheines ist nur noch im Kündigungsraum zulässig. Der Inhaber des Kündigungsscheines hat im Kündigungslokale seinen Indossatar durch den Börsenbeamten aufrufen zu lassen. Will dieser weiter indossieren, so hat er auf der Stelle ohne jede Unterbrechung seinen Nach-Indossatar in gleicher Weise aufrufen zu lassen, indem als leitender Grundsatz angesehen wird, dass alle Nach-Indossamente im Kündigungsraum in rascher Folge durch Aufrufen erfolgen müssen. Als verpflichteter Empfänger gilt der, welcher, nachdem er als Indossatar aufgerufen worden ist, keinen Nach-Indossatar auf der Stelle angiebt, mithin als letzter Inhaber des Scheines erscheint und als solcher auf der an der Börse angehefteten Doppelschrift des Kündigungsscheines verzeichnet wird. Die Umlaufsfähigkeit des Kündigungsscheines hört hiermit auf. Erfolgt die Kündigung Ende des Lieferungsmonats, so findet die Uebertragung des Kündigungsscheines nach Börsenschluss desselben Tages, und zwar nach Ablauf der oben angegebenen Kündigungsfrist und nachdem der Börsenbeamte die betreffenden Eintragungen vollzogen, ununterbrochen im Kündigungsraume in der obigen Weise statt.

Kommt der Kündigungsschein durch Indossament in die Hand des Ausstellers desselben oder eines Indossanten zurück, so kann dieser Kündigungsschein zwar weiter übertragen werden, jedoch ist derselbe in diesem Falle für alle zwischenliegenden Indossenten als erledigt zu betrachten (§ 18).

§ 13. Hat der erste Empfänger des Kündigungsscheines nicht innerhalb der im § 12 angegebenen Frist und nach Massgabe der dort getroffenen Bestimmungen den Schein übertragen, so wird er als Empfänger der Ware angesehen und auf der an der Börse angehefteten Doppelschrift des Kündigungsscheines als Empfänger vermerkt.

§ 14. Als Kündigungspreis gilt der durch den Börsenvorstand mittelst Anschlags festgesetzte Tagespreis des vorhergehenden Tages.

§ 15. Der Indossant des Kündigungsscheines haftet seinem Nachmanne für die dem Ablieferer, seinem unmittelbaren Vormanne für die dem Empfänger obliegenden Verbindlichkeiten, jedoch nur bis zur erfolgten Ablieferung der Ware.

§ 16. Der Kündigungspreis ist für alle Uebertragungen massgebend, und es sind, nachdem der Kündigungsschein perfekt geworden (§ 18), die Beteiligten verpflichtet, den Preisunterschied zwischen dem bedungenen und dem Kündigungspreise am folgenden Vormittage zu bezahlen.

§ 17. Die gekündigte Ware gilt als vertraglich genehmigt, wenn von dem letzten Indossaten (dem Empfänger der Ware) innerhalb der im § 5 vorgesehenen Frist eine schriftliche, die Weigerungsgründe enthaltende Einwendung nicht erhoben wird, oder wenn eine erhobene Einwendung ihre Erledigung gefunden hat. Die in Gemässheit § 5 erhobene Einwendung hat zur Folge, dass alle Uebertragungen, sofern solche nicht nach § 12, letzter Absatz erledigt sind, bis zur Erledigung der Einwendung in ihren Wirkungen aufgeschoben bleiben.

Erfolgt nicht, nachdem die Ware beanstandet worden, an der nächsten Börse bis 12½ Uhr die Anrufung der Sachverständigen (§ 30), so gilt die Kündigung als nicht geschehen.

§ 18. Die Thatsache, dass gegen eine gekündigte Ware keine Einwendungen erhoben oder die etwa erhobene Einwendung ihre Erledigung gefunden hat, mithin die Kündigung perfekt geworden, ist vom Börsenbeamten durch Anschlag ebenfalls zur Kenntnis der Börse zu bringen.

§ 19. Die ordnungsmässige Ablieferung der am Schlusse des Termins gekündigten Ware darf sich selbstverständlich auch über den Termin hinaus erstrecken. Es kann jedoch der Empfänger von der ihm überwiesenen Ware, unter Anerkennung der vertragsmässigen Beschaffenheit derselben, jederzeit sofort Besitz ergreifen, indem er die Menge mittelst kubischer Vermessung oder vermöge Abschätzung durch Sachverständige vorläufig feststellen lässt und vorbehaltlich endgültiger Abrechnung nach dem Ergebnisse der nachträglichen ordnungsmässigen Empfangnahme und Verwiegung, den Kaufpreis entrichtet.

IV. Von der Beseitigung sich ergebender Anstände, sowie von den Folgen der Nichterfüllung übernommener Verbindlichkeiten.

§ 20. Der Lieferer kann angebotene Ware, falls sie vom Empfänger beanstandet wird, während der ganzen Dauer des Termins durch andere ersetzen.

§ 21. Zeigt sich bei einer bereits begutachteten Ware, nachdem die Empfangnahme begonnen und der Bezug teilweise stattgefunden hat, das Uebrige als nicht vertragsmässige, so soll der Ablieferer berechtigt sein, die nicht vertragsmässige Menge an der auf die Bekanntmachung des Gutachtens nächstfolgenden Börse, sofern die letztere noch innerhalb des Termins fällt, auf Grund desselben Kündigungsscheines durch Anweisung anderer Ware zu ersetzen.

§ 22. Ware, soweit solche erst nach Ablauf des Termins ganz oder zum Teil als nicht lieferbar erklärt wird, gilt als nicht gekündigt, und es kommen in diesem Falle die Bestimmungen des § 25 in Anwendung.

§ 23. Unterlässt es der Käufer, die ihm überwiesene Ware zu empfangen (§ 7), so kann der Käufer nach seiner, dem Ersteren sofort kund zu gebender Wahl, entweder von dem Vertrage zurücktreten, als wenn derselbe nicht geschlossen wäre,

oder er kann, indem er die Ware auf Kosten und Gefahr des Käufers in einem öffentlichen Lagerhause oder bei einem Dritten niederlegt, die sofortige Entrichtung des vereinbarten beziehungsweise des Kündigungspreises beanspruchen,

oder er kann die Ware durch einen Handelsmakler zum laufenden Preise an der nächsten Börse verkaufen lassen.

Von dem Vollzuge und Ergebnisse des Verkaufs ist der säumige Empfänger sofort schriftlich zu benachrichtigen, welcher Letztere seinem Verkäufer neben den erwachsenen Unkosten für den Unterschied aufzukommen hat, die zwischen dem Erlöse aus dem Verkaufe und dem vereinbarten oder dem Kündigungspreise sich ergiebt.

§ 24. Wird vom Empfänger die Zahlung nicht geleistet und findet infolge dessen die Uebergabe der Ware nicht statt, so kann der Ablieferer nach Massgabe der im vorstehenden Paragraphen enthaltenen Bestimmungen gegen den Käufer verfahren.

War mit der Abnahme bereits begonnen, so darf solche wegen mangelnder Zahlung vom Ablieferer unterbrochen werden und es steht ihm das Recht zu, mit dem nicht bezogenen Teile der Ware in gleicher Weise zu verfahren, wie im vorstehenden Absatze angegeben.

§ 25. Hält dagegen der Verkäufer die für die Ueberweisung der Ware festgesetzte Frist nicht ein und lässt er den Termin verstreichen, innerhalb welchem die Kündigung hätte erfolgen müssen, so hat der Käufer die Wahl, entweder von dem Vertrage zurückzutreten, als wenn derselbe nicht geschlossen wäre,

oder er kann auf Erfüllung bestehen und Schadensersatz wegen verspäteter Erfüllung beanspruchen,

oder er kann den Unterschied zwischen dem vertragsmässigen und dem Ultimoabrechnungspreise verlangen, jedoch unbeschadet des Rechtes des Käufers, einen erweislich höheren Schaden geltend zu machen.

Wird vom Käufer Erfüllung des Vertrages verlangt, so ist die neu angewiesene vertragsmässige Ware innerhalb zehn Tagen, bezw. bei Schiffen innerhalb 8 Tagen vom Tage der Ueberweisung an gerechnet zu empfangen.

Wenn bei Termingeschäften ein bestimmter Lieferungstag festgesetzt wurde, so ist der Unterschied zwischen dem vertragsmässigen Preise und dem Preise des betreffenden Tages, sollte dagegen in der ersten Hälfte eines Monats geliefert werden, die zwischen dem vertragsmässigen Preise und dem Preise am 15., und fand an diesem Tage keine Börse statt, vom 14. bezw. 13. u. s. w. des betreffenden Monats zu vergüten.

Dem säumigen Verkäufer ist von dem gefassten Entschlusse an der nach dem abgelaufenen Termine stattfindenden nächsten Börse schriftlich durch den Börsenbeamten Nachricht zu geben. Erfolgt in der angegebenen Frist keine Erklärung, so geschieht die Abwickelung des Geschäftes auf Grund des festgesetzten Ultimo-Abrechnungspreises.

Bleibt bei Effektivgeschäften der Verkäufer mit der Ueberweisung der Ware im Verzuge (§ 3), so kommen die Bestimmungen der Art. 355 und 356 des Deutschen Handels-Gesetzbuches zur Anwendung.

§ 26. Zur Feststellung des Ultimo-Abrechnungspreises wird für jedes Kalenderjahr eine aus 5 Mitgliedern bestehende Kommission in der Weise gebildet, dass von den Börsenmitgliedern durch Wahl, welche in der letzten Woche des Monats November auf Veranlassung des Börsen-Vorstandes vorzunehmen ist und bei der einfache Stimmenmehrheit entscheidet, acht Mitglieder bezeichnet werden. Von diesen 8 Erwählten werden 5 zu ordentlichen und 3 zu stellvertretenden Mitgliedern der Ultimo-Abrechnungs-Kommission durch den Börsenvorstand ernannt.

Bei der nach bestem Ermessen zu bewirkenden Feststellung des Ultimo-Abrechnungspreises müssen wenigstens drei Kommissionsmitglieder, die bei der jedesmaligen Feststellung des Abrechnungspreises unter sich den Vorsitzenden wählen, anwesend sein. Dasjenige Kommissionsmitglied, welches den Vorsitz führt, giebt bei Stimmengleichheit den Ausschlag.

§ 27. Jeder Vertragschliessende ist berechtigt, falls er es für zweckmässig hält, den Verzug des anderen Vertragschliessenden durch eine auf dessen Kosten von einem Gerichtsvollzieher oder Notar aufzunehmende öffentliche Urkunde feststellen zu lassen.

§ 28. Findet sich eine durch Kündigungsschein überwiesene Ware am Ablieferungsorte entweder gar nicht vor oder erreicht die vorgefundene Menge nicht 90% der Gesamtkündigung, so ist der Empfänger berechtigt, von dieser Thatsache dem Börsenvorstande Anzeige zu machen.

Letzterer hat, falls der Empfänger einen dahin gehenden Antrag stellt, diese Thatsache mit Nennung der Namen durch Anschlag an der Börse zu veröffentlichen.

Wenn auf behördliche Anordnung die gekündigte Ware nach einem anderen sonst zulässigen Ablieferungsplatze gebracht werden muss, so ist dies kein Grund, die Kündigung für ungiltig zu erklären.

§ 29. Wird einer der beiden Vertragschliessenden durch Zahlungseinstellung, gerichtlichen oder aussergerichtlichen Vergleich, Gantseröffnung etc. unfähig, für die demnächstige Erfüllung der durch einen Lieferungsvertrag übernommenen Verbindlichkeiten die nötige Sicherheit zu gewähren, so soll der Lieferungstermin augenblicklich abgelaufen sein und der Erfüllungstag sofort eintreten.

Für die Erfüllung ist alsdann für beide Teile der Durchschnittspreis derjenigen Börse unwiderruflich massgebend, vor bezw. während welcher das Ereignis dem anderen Vertragschliessenden bekannt geworden ist.

Die später etwa erfolgende Eröffnung der gerichtlichen Gant macht eine derartige Abwicklung nicht rückgängig.

16. Lagerhausbestimmungen.

1) Lagerhaus-Ordnung

der »Mannheimer Getreidelagerhausgesellschaft« für Benützung der Getreidelagerhallen. Vom März 1876.

§ 1. Die Annahme der Waren zur Einlagerung ist durch die zur Verfügung stehenden Räumlichkeiten bedingt.

§ 2. Für die eingelagerten Waren wird keinerlei Garantie übernommen.

§ 3. Die Feuerversicherung hat jeder Einlagerer selbst zu besorgen.

§ 4. Das Verbringen der Waren auf und vom Lager, sowie die vorzunehmenden besonderen Manipulationen, sind durch die Arbeitsleute des Einlagerers auf seine Kosten auszuführen.

§ 5. In den Lagerhallen darf nicht geraucht und nicht mit Licht gearbeitet werden.

§ 6. Zur Einlagerung sowie zur Abnahme der gelagerten Waren sind dem Verwalter doppelt ausgefertigte An- und Abmeldescheine zu übergeben, welcher in das eine Exemplar Sackzahl und Gewicht ausfüllt und dasselbe dem Einlagerer wieder zustellt, während er das andere als Beleg aufbewahrt. Bei Verladung aus den Hallen hat der Verwalter oder dessen Stellvertreter die Partien anzuweisen, bevor die Arbeiter mit der Verladung beginnen.

§ 7. Die Lagergebühren betragen per 100 Kilo und Monat:
Für Mitglieder der Gesellschaft:
1. auf Getreide etc. in Säcken . . . . 3 Pf.
2. aufgeschüttetes Getreide, Mehl, Hülsenfrüchte und Sämereien . . . . 4 Pf.

Ware, die vor Ablauf eines Monats wieder vom Lager geht, hat für einen vollen Monat Lagergeld zu bezahlen.

§ 8. Sämtliche Gebühren haften auf der gelagerten Ware.

§ 9. Der Einzug der Lagergebühren erfolgt durch einen vom Aufsichtsrat hierzu Bevollmächtigten.

§ 10. Die Aufrechterhaltung der Ordnung in den Lagerhallen sowie die Führung der Lagerbücher ist dem Lagerhausverwalter übertragen, dessen Anordnungen sich die Einlagerer und deren Arbeitsleute zu fügen haben.

2) Reglement für die Ausgabe von Warrants.

§ 1. Die Gesellschaft stellt jedem Einlagerer auf Verlangen für die in seinem Namen bei ihr eingelagerten Waren Warrants aus auf Grund der am 8. Mai 1875 erteilten staatlichen Ermächtigung zur Aufbewahrung von Waren in Gemässheit des § 302 des allgemeinen deutschen Handelsgesetzbuches.

§ 2. Das Gesuch um Ausstellung von Warrants muss bei der Direktion schriftlich eingereicht werden unter Beifügung der zur Anmeldung auf die Niederlage nötigen Dokumente. Wird das Gesuch eingereicht, nachdem die Ware bereits eingelagert ist, so ist das von dem betreffenden Verwalter ausgestellte Duplikat des Anmeldescheins erforderlich.

§ 3. Der Warrant lautet an die Ordre des Einlagerers und ist durch Indossament übertragbar; jede Beschränkung des Indossaments ist für die Gesellschaft unverbindlich. Der Warrant ist der Gesellschaft gegenüber der einzige Titel, welcher zum Bezug der darauf bezeichneten Ware berechtigt.

§ 4. Der Warrant, wenn er nicht auf kürzere Dauer ausgestellt ist, erlischt nach Ablauf eines Jahres vom Tage der Ausstellung an gerechnet; derselbe kann nach Verfall erneuert werden. — Auch der erloschene Warrant ist der Gesellschaft zurückzugeben.

§ 5. Duplikate der Warrants werden nicht ausgestellt.
Die Kraftloserklärung eines abhanden gekommenen Warrants ist, nach Art. 39 des bad. Einführungsgesetzes zum Handelsgesetzbuche, bezw. Art. 73 der allgemeinen deutschen Wechselordnung und Art. 4 des Einführungsgesetzes hierzu, bei dem Grossh. Amtsgericht Mannheim zu erwirken, und kann nach Einleitung des Amortisationsverfahrens bis zur Amortisation des Warrants die Ablieferung der Ware nur gegen entsprechende Sicherheitsleistung verlangt werden.

§ 6. Sämtliche Gebühren und Kosten, sowie überhaupt alle auf der Ware ruhenden Lasten, haften auf derselben (im Sinne des § 7 des Reglements für die Einlagerung von Waren aller Art und des § 11 des Reglements für die Einlagerung von Petroleum), und wird durch die Ausgabe von Warrants das Anrecht der Gesellschaft an dieselben in keiner Weise beschränkt.

§ 7. Die Taxe für die Ausfertigung eines Warrants ist 1 Mark.
Mannheim, 1. September 1875.

Mannheimer Lagerhaus-Gesellschaft.
Warrant.

Lagerhaus ─────
Lager Nr. ─────

Nr. ─────

Die Mannheimer Lagerhaus-Gesellschaft bescheinigt hiermit laut Anmeldung de ─── vom ─── 18 ──

Brutto ─── Kilogramm wiegend, sage ─── , sage ───

zur Einlagerung in ihren Lagerräumen auf Rechnung und Gefahr de ─── Eigentümer erhalten zu haben und macht sich verbindlich, dieselben zwischen dem heutigen Tage und dem 18 ─── oder de ── en gegen Rückgabe dieses Warrants an d ─── Einlagerer, Herr ─── nur Ordre zu verabfolgen, gemäss den Bestimmungen und Beschränkungen des Reglements für die Einlagerung von Waren aller Art und für die Ausgabe von Warrants vom September 1875, welchen sich die jeweiligen Inhaber dieses Warrants unbedingt unterordnen.

Die Ware ist durch die Gesellschaft gegen Feuersgefahr versichert mit M. ─────

Mannheim, den ─────   18 ──

Mannheimer Lagerhaus-Gesellschaft.

Geschätzter Wert der Ware	Vorschuss		
pr. 100 Kilogr. Netto / im ganzen in runder Summe	Tag der Belehnung	Betrag	Zinsfuss	Verfalltag